욕망으로 쓰는 트렌드 보고서

BOOK
JOURNALISM

욕망으로 쓰는 트렌드 보고서

발행일 ; 제1판 제1쇄 2023년 8월 2일
지은이 ; 스브스프리미엄 정혜경 발행인·편집인 ; 이연대
CCO ; 신아람 에디터 ; 김혜림
디자인 ; 권순문 지원 ; 유지혜 고문 ; 손현우
펴낸곳 ; ㈜스리체어스 _ 서울시 중구 한강대로 416 13층
전화 ; 02 396 6266 팩스 ; 070 8627 6266
이메일 ; hello@bookjournalism.com
홈페이지 ; www.bookjournalism.com
출판등록 ; 2014년 6월 25일 제300 2014 81호
ISBN ; 979 11 983837 1 6 03320

북저널리즘은 환경 피해를 줄이기 위해
폐지를 배합해 만든 재생 용지 그린라이트를 사용합니다.

BOOK
JOURNALISM

욕망으로 쓰는 트렌드 보고서

스브스프리미엄 정혜경

: 동시대인들이 무엇에 열광하는지 그리고 무엇을 욕망하는지 아는 것은 내 삶에 '역사성'을 부여할 수 있는 좋은 계기가 된다. 문학 이론가 르네 지라르도 말했다. "사람들은 타인의 욕망을 욕망한다"고 말이다. 다양한 종류의 트렌드를 취재하면서 특별히 사람들의 욕망이 고이는 곳을 골라낼 수 있었다. 이 책은 곧 동시대인들의 욕망 보고서다.

차례

프롤로그   '어쩌다' 쓰게 된 욕망 보고서

"욕망의 우주를 서로 이어 주는 텔레포트가 필요해." 처음 〈어쩌다〉 코너를 고안할 때 나도 모르게 읊조렸던 말이다. 우리는 이른바 '터졌다'고 소문은 들었지만 그게 뭔지도 모르겠고, 또 왜 터졌다고 하는지도 모르는 것들로 가득한 세상에 살고 있다. 통상 화제가 된 유튜브 콘텐츠, '떡상' 콘텐츠의 기준을 조회 수 백만 회 정도로 본다. 물론 막대한 숫자지만 현실에서는 하루에도 적으면 수십, 많으면 수백 개의 콘텐츠가 이기준을 가뿐히 뛰어넘고 있다. 그들 중 상당수가 '내가 모르는 콘텐츠'다. 나의 경우도 그렇다.

어디 유튜브만일까. SNS에서 난리라는 '유행 템', 나 빼고 다 아는 것 같은 '밈', 힙한 사람들이라면 다 안다는 '핫 플레이스'까지……. 우리는 이렇듯 연일 새로운 것에 둘러싸여 '나만 뒤처지는 것 아닐까' 하는 불안과 강박을 느끼며 살아간다. 물론 트렌드로 통칭할 수 있는 이 새로운 것들은 당장 나의 생존에 특별한 영향을 끼치지 않고, 그간 정립해 온 '나'라는 존재에 큰 변화를 주지는 않는다.

하지만 우리는 신경이 쓰인다. 대체 저게 뭔지, 사람들이 왜 저렇게 난리인지 알고 싶다. 그리고 궁극적으로는 나도 그들처럼 될 수 있을지 궁금하다. 동시대인들이 무엇에 열광하는지 그리고 무엇을 욕망하는지 아는 것은 내 삶에 '역사성'을 부여할 수 있는 좋은 계기가 된다. 문학 이론가 르네 지라르도 말했다. "사람들은 타인의 욕망을 욕망한다"고 말이다. 그런 의미에서 이 책은 곧 동시대인의 욕망 보고서다. 다양한 종류의 트렌드를 취재하면서 특별히 사람들의 욕망이 고이는 곳을 골라낼 수 있었다. 그곳은 바로 돈이 고이는 곳이자, 시간이 쌓이는 곳, 그리고 말이 새로 생겨나는 곳들이었다.

이 책에서 소개된 여러 트렌드는 우리 시대에 짙게 깔린 다양한 욕망의 징후를 성찰하고, 또 앞으로의 방향을 가늠하는 '지도'가 될 것이다. 1장에서는 소비자로서의 동시대인이 어디에 지갑을 열고 돈을 쓰는지에 얽힌 욕망을 엮었다. 2장에서는 나아가 이런 동시대인의 소비 욕망을 비즈니스의 재화로 승화시킨 생산자의 이야기를 다각도에서 담아냈다. 3장에서는 그 소비의 대상이 돈이 아닌 시간이 된다. 사람들의 눈과 귀를 사로잡는, 그래서 돈만큼이나 욕망의 바로미터라 할 수 있는 시간을 쓰게 만든 콘텐츠를 살펴봤다. 그리고 마지막으로 4장에서는 앞서 언급한 돈과 시간이라는 욕망의 도구를 쟁취하기 위해 사람들이 스스로의 삶을 어떻게 제어하고 경영하려 하는지를 추적했다. 동시대인들이 '바람직한 삶'으로 추앙하는 일상의 형태는 무엇일까? 그 행동 양식의 정체는 무엇일까? 우리는 '거지방', '갓생', '쿠팡 치료' 등 새롭게 등장한 말에서 그 징후를 포착할 수 있었다.

'세상에 없던 트렌드 저널리즘'을 표방하며 근거 없는

자신감으로 시작한 연재물 〈어쩌다〉가 하나로 엮여 책으로 출간된다는 사실이 퍽 설레는 한편 두렵기도 하다. 기사를 쓰며 인터뷰로, 또 논문과 저서로 여럿과 대화를 나눴다. 그들로부터 받은 신선한 통찰을 늘 제대로 풀어놓지 못한다는 생각에 괴로워하던 마감 시간이 기억에 남는다. 매회 장문의 텍스트 기획 기사를 쓰는 일은 쉽지 않았지만, 돌아보면 〈어쩌다〉를 연재하면서 '힙한 사람'이 된 듯해 즐거운 시간이 많았다. 아직 제대로 해석되지 않은 숨은 욕망을 앞으로도 날카롭게 발견해 내고 싶다. 이 책이 트렌드를 탐험하는 동시대인에게 하나의 이정표가 됐으면 한다. 드넓은 동시대 '욕망'의 우주에 좋은 텔레포트가 되기를!

1 요즘 것들이 지갑을 여는 원리

웨딩 스냅이라는 로망

결혼을 앞둔 30대 김송이 씨는 패닉에 빠졌다. 결혼식을 반년 가량 앞둔 지금이면 여유 있게 준비할 수 있을 거라 생각했는데, 평소 점찍어 뒀던 웨딩 스냅 사진작가에게 예약 문의 메시지를 보냈더니 내후년 하반기에나 예약이 가능하다는 답변이 돌아왔기 때문이다. 아뿔싸, 하는 생각이 들었던 김 씨. 해당 작가의 인스타그램 계정을 팔로잉하는 사람 수를 무심코 쳐다보니 무려 10만 명이 넘는다. 나의 로망은 모두의 로망이 될 수도 있다는 사실을 망각한 스스로를 모질게 탓하며 부랴부랴 다른 작가를 알아본다. 그리고 깨닫게 된다. 이것이 단지 거대한 '오픈 런' 전쟁의 서막일 뿐이었다는 것을 말이다.

오픈 런 뛰는 예비 신혼부부들

예비 신혼부부가 결혼식장과 날짜를 확정하고 곧바로 착수해야 하는 과제 중 하나는 바로 사진이다. 택일의 큰 산을 넘고 숨 고를 시간도 없이 바로 그날에 필요한 다른 숙제들이 한 줄기에 매달린 고구마처럼 줄줄이 따라온다. 결혼식 당일 모습을 가장 아름답게 담아 줄 '스냅 사진' 업체를 선정하는 일이 먼저다. 취향에 따라선 사진뿐 아니라 본식 영상을 담아 줄 촬영 업체를 선정하기도 한다. 물론 둘 다 하는 경우도 많다. 날짜와 시간이 정해져 있고, 평판이 좋은 가성비 업체는 한정

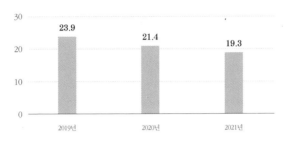

급감하는 혼인 건수

23.9 (2019년)
21.4 (2020년)
19.3 (2021년)

* 통계청, 단위: 만 건

돼 있기 때문에 각종 웨딩 카페나 블로그 등지에선 유경험자들이 신입들에게 예약 전쟁에서 승리할 수 있는 '패스트 트랙'을 안내하곤 한다. 식장을 예약하고 '본식 스냅'과 'DVD 업체'를 논스톱으로 알아보는 일정이다. 김 씨는 "뭔가를 선택하는 일 자체가 동시에 그다음 선택으로 내모는 기분"이라며 결혼 준비의 어려움을 말했다.

스튜디오와 드레스, 메이크업 예약이 그다음이다. 이른바 '스드메'다. 스튜디오에선 모바일 청첩장 등지에 넣을 사진을 찍는다. 여기에 드레스 업체와 원본 사진을 보정해 줄 업체와, 분장 업체는 물론, 장시간 촬영하는 동안 흐트러진 머리를 정돈해 줄 출장 헤어 전문가를 구한다. 그리고 요즘에는 사진에 꽃을 예쁘게 연출해 주는 이른바 '플라워 디렉팅'도 유

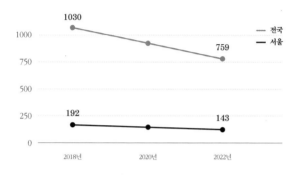

* 국세통계포털, 단위: 개

행이다. 물론 적잖은 비용이 들어가는 항목들임에도 불구하고, 예약이 만만치 않다. "결혼할 사람이 없다는데 왜 예약은 이렇게 어려운지 모르겠어요." 결혼 준비를 하는 평범한 예비 신혼부부들의 공통된 하소연이다. 도대체 왜 이런 현상이 나타난 걸까?

예식장 구하기부터 '하늘의 별따기'가 됐다. 혼인 건수는 명백하게 줄어들고 있지만, 이 속도보다 예식장이 더 빨리 줄어든 게 문제였다. 국세통계포털에 따르면 전국 예식장 수는 2018년 1030개에서 2022년 759개로 줄었다. 코로나19로 경영에 큰 타격을 입은 업체들이 잇따라 폐업한 것에 반해, 결혼 시점을 살피던 예비부부들의 수요가 반짝 폭증한 것이다.

예식장으로 인기가 많은 서울 서초구의 한 호텔 관계자는 "내년인 2024년 하반기 예식장 상담 일정마저도 올해 몇 남지 않았다"고 답했다. 예식장을 잡기 위한 상담 일정마저도 오픈 런 하는 상황이다. 바뀐 사회 분위기에도 불구하고 결혼하기로 마음먹은 이들에게는 오히려 결혼 난이도가 더 높아진 것이다. 물가도 예비 신혼부부의 오픈 런을 부채질하고 있다. 《조선일보》의 보도에 따르면 서울시 웨딩홀 90곳 중 65곳이 최근 1년 새 대관료를 인상했다. 예식장 식대는 물론이고 촬영비와 드레스 대여료 등이 크게 올랐고, 인건비도 올라 드레스 업체 소속 일일 도우미나 식장 소속 촬영 기사의 임금도 평균 5만 원 정도 인상됐다.

예물 반지로 사랑받는 명품 주얼리 브랜드들은 새해 벽두부터 줄이어 가격 인상에 나섰다. 프랑스 브랜드 '부쉐론Boucheron'은 한 달 사이 가격을 10퍼센트가량 인상했고, 스위스의 유명 브랜드 '쇼파드Chopard'도 시계와 주얼리 등 전 제품 가격을 8퍼센트가량 일괄 인상했다. '국민 예물 브랜드'로 알려진 '까르띠에Cartier' 역시 시계와 주얼리 등 주요 제품 가격을 최대 15퍼센트 이상 인상했다. 인상 소식을 들은 예비부부들은 식을 1년 이상 앞둔 시점에서도 백화점 앞에서 오픈 런을 뛰고 있다. 결혼 정보 회사 '듀오'가 발표한 2023년 결혼 비용 보고서에 따르면 예식홀 예약비와 웨딩 패키지 비용을 합산한 평균 예식 비용은 1390만 원으로, 1278만 원이었던 전년 대비 8퍼센트 이상 올랐다.

틈새시장 공략한 웨딩 스냅

이 모든 예약 전쟁과 가격 인상의 틈바구니에서 급성장한 파생 산업도 눈에 띈다. 앞서 패스트 트랙으로 소개한 스냅 사진 산업이다. 스냅 사진은 크고 작은 인위적인 연출 없이, 의도적으로 구성하지 않은 순간을 찍는 사진을 말한다. 웨딩 스냅이라는 파생 상품은 처음엔 갖은 결혼 준비의 굴레에 이른바 '현타'를 맞은 젊은 부부들의 대안으로 지목됐다. 최장 10시간에 이르는 스튜디오 촬영에 드는 노력과 비용이 부담이다 보니, 스냅 사진은 결혼을 기념하는 사진을 남긴다는 실용적 목적과 체험형 콘텐츠라는 복수의 기능을 수행한다.

스튜디오 촬영에서 핵심만 추려 2시간 내로 빠르게 찍는 이른바 '세미 촬영', 제주도의 멋진 풍광을 배경으로 간편한 드레스를 입고 찍는 '제주 스냅', 창경궁이나 경복궁 같은 궁을 배경으로 한복을 입고 촬영하는 '한복 스냅'은 물론, 골목이나 공원에서 드레스나 양복 같은 복장으로 구색을 맞춰 찍는 '빈티지 스냅' 등 종류도 매우 다양하다. 처음에는 웨딩 산업의 간소화 버전으로 등장한 웨딩 스냅은 SNS 등을 통해 급속하게 유행으로 번졌다. 웨딩 스냅 역시 너도나도 뛰어드

사진업 규모 변화

-	2011년	2012년	2014년	2016년	2020년	2021년
사업체 수 (개)	8599	8779	9118	9133	15922	15957
전국 종사자 수 (명)	18155	18126	18940	19880	25920	25567

* 통계청

는 필수 코스가 돼가는 모양새다. 웨딩 스냅은 비단 결혼이라는 행사가 계기가 되지 않더라도 일상을 기록하고 전시하는 일에 익숙한 젊은 세대들의 구미에도 딱 맞아떨어졌다.

문제는 가격이다. 단 한 번이라는 테마로 인해 통상 '가성비'를 따지기 어려운 웨딩 산업의 구미에도 스냅 사진은 맞아떨어졌다. 앞서 언급한 상품들도 아마추어 작가부터 프로 작가까지 부르는 게 값인 상황이다. 간단한 상품이라도 적게는 50만 원에서, 많게는 수백만 원이 넘어가는 해외 로케이션 촬영(신혼여행지 스냅)까지, 비용이 적지 않다. 전문 사진작가가 찍어 주는 이른바 '본식 스냅'은 보정까지 시간이 걸린다. 이런 빈틈을 노려 바로 결혼식 당일의 모습을 확인하고 싶은 소비자들을 타깃으로 한 이른바 '아이폰 스냅'도 출현했다. 말 그대로 '아이폰'으로 찍어 주는 사진이다. 한 시간 남짓한 예식에 30~50만 원 정도의 비용이 든다. 업체들은 "하객처럼 입고 가서 하객 동선을 그대로 따라가, 티 내지 않고 찍어 주겠다"며 홍보 중이다. 적잖은 비용에도 '느낌이 좋다', '감성이 괜찮다'고 입소문을 탄 업체엔 예약자들의 발길이 끊이지 않는다. 인스타그램 포트폴리오와 입소문을 타고 유명해진 한 인기 작가는 밀려드는 촬영 문의에 심지어 "커플의 사연을 받아보고 찍을지 말지 결정하겠다"고 말해 주목받기도 했다.

오로지 포트폴리오와 경력, 입소문으로 승부하는 스냅 사진이 돈이 된다는 소식에 사진가들도 너나없이 뛰어들었다. 통계청에 등록된 사진업의 사업체 수는 2011년 8599개에서 2021년 1만 5957개로, 종사자 수는 1만 8155명에서 2만 5567명으로 성장했다. 카메라 등 촬영 기기의 진입 장벽이 낮아진 이유 등으로 인해 그리 전망이 밝지 않아 보였던 사진업이 이른바 '폭풍 성장'하는 추세다.

기록이 추억을 규정하는 시대

힙의 아이콘으로 떠오른 스냅 사진의 전신은 사실 저널리즘이다. 1920년대 말, 독일의 포토 저널리스트 에리히 잘로몬 Erich Salomon은 당시 처음 시판된 35밀리미터 카메라로 법정과 국제연맹 회의를 몰래 찍어 참여자들의 생생한 모습을 기사로 보도했다. 잘로몬의 방식은 당시 전통적 방식의 '기념사진적인 보도 사진'보다 독자들에게 있는 그대로의 상황을 잘 전달할 수 있었다. 그래서 사람들은 이를 숨김이 없고 솔직하다는 뜻에서 '캔디드 사진candid photograph'이라 불렀다. 캔디드 사진은 추후 스냅 사진이라 불리기 시작했다. 이런 역사에서도 알 수 있듯, 스냅 사진의 핵심은 피사체가 촬영 사실을 인지하거나 의식하지 않은 상태에서 찍는다는 것이다.

사진이 갖는 본래의 의미는 세 가지 요소에서 탄생한다. 바깥에서 장면을 바라보던 사진작가, 그리고 작가의 문제의식에 포착된 사유의 이미지. 마지막으로 그 장면 속에서 세부적인 부분을 감지하는 제3자, 관객의 지각이 그것이다. 세계에서 가장 오래된 사진 전문 박물관이자 영화 기록 보관소인 뉴욕 조지이스트먼뮤지엄George Eastman House의 사진 디렉터 네이선 라이언스Nathan Lyons는 "사진의 본질은 스냅숏이다. 아름답다고 느낀 것을 직접 표현할 수 있기 때문이다"라고 말하기도 했다. 스냅 사진이라는 개념을 둘러싼 논의는 이렇듯 '작가주의'에 기반을 두고 확장해 나갔다. 그렇다면, 피사체가 돈을 주고, 뚜렷한 목적성을 가진 채 직접 의뢰하고, 직접 포착된 이미지를 감상할 관객을 선택하고, 피사체로서 자신의 포즈를 담은 시안마저 미리 짜두고 건네는 지금, 신인류의 스냅 사진은 어떤 존재론적 의미를 도출할 수 있을까?

나르시시즘 한 사발 하실래요

사실 스냅 사진처럼 자신의 모습을 담은 기록에 대한 욕구와 그와 직결되는 소비 심리는 결혼이나 생일과 같은 중대사에만 몰리는 것은 아니다. SNS가 현대인들의 중요한 소통 창구가 되었다는 지점을 주목해야 한다. SNS의 시대에는 매 순간 스스로를 어떻게 기록하고, 과시하는지가 중요해졌다. SNS에서는 특별한 날이 아닌 보통의 삶, 즉 일상 그 자체가 콘텐츠로 소비된다. 인스타그램에 '일상' 해시태그가 달린 게시물은 2.6억 개에 이르고, '일상 스냅'으로 검색되는 게시물도 69만 개에 이른다.

선톡 오는 프로필 사진

욕망할 만한 타인이라는 존재가 '인플루언서'라는 직업으로 규정되기 시작하면서 자기 PR과 셀프 브랜딩 영역 역시 수익을 내는 부가 가치 사업으로 성장했다. 그중에서도 눈에 띄는 상품이 있다. 이른바 '인생 샷'으로 불리는 사진을 찍어 주는 상품이다. 다만 소중한 순간을 기억될 만한 사진으로 남긴다는 의미보다, 가공된 일상의 모습을 통해 특수한 목적을 달성하는 데 도움을 주겠다는 마케팅으로 시장을 형성하고 있다. 그렇기 때문에 고가의 장비가 아닌 휴대 전화 카메라로 사진을 찍는다. 해당 비즈니스는 고객이 원하는 목적에 따라 사진의 배경이 되는 장소와 포즈, 스타일링 등 맞춤식으로 조언하는, 이른바 이미지 컨설팅 사업으로 스스로를 정체화한다.

각 업체는 상품을 이용하는 목적으로 '전문직 등 소득이 높은 이성에게 먼저 연락이 오게 하기 위함', '헤어진 연인의 마음을 돌리기 위함', '대외 비즈니스에서 좋은 성과를 내기 위함' 등을 제시하고 있다. 1년 동안 계절별로 메신저 프로필 사진을 찍어 주는 세트 상품이 160만 원대에 팔리고 있고, 최대한 자연스러워 보이는 '일상룩'을 만들기 위한 헤어·메이크업 등 뷰티 사업 제휴도 있다. 모두 그럴듯한 일상을 만들기 위한 세트다. 단순히 외모가 잘 나오게 하는 것이 이들의 목표는 아니다. 한 업체는 인물 사진의 배경이 되는 장소가 고급 호텔임을 은근히 입증할 수 있는 '호텔 라운지 프로필 사진' 상품을 출시하기도 했다. 기본 음료 두 잔을 주문하고 사진을 찍을 경우는 40만 원, 주문 메뉴가 '애프터눈 티 세트'일 경우는 사진을 찍어 주는 업체에 50만 원을 지불해야 한다.

지금 당신이 욕망을 충족시키지 못하는 이유는 충분히 포장되지 않았기 때문이며, 실제의 모습보다 타인이 인식하는 모습이 더 큰 가치를 가진다는 속삭임이 이런 기이한 변종 스냅 사진 업의 확장 동력이다. 시즌 예약이 개시되면 수요가 폭증해 금세 매진되곤 한다는 이런 업체들은 "외모지상주의를 겸허히 인정하고 사진 관리가 당연하다고 생각하는 사람",

"스스로 대접받고자 하는 욕망에 솔직한 사람"을 신청자의
요건으로 못 박아 두기도 했다.

나르시시즘 권하는 사회

수백만 원을 호가하는 수입 명품과 쉽게 방문하기 어려운 장
소, 돈이 많이 드는 취향이 마치 별 것 아니라고 말하는 것 같
은 앵글. 특별한 경험임에도 호들갑 떨 것 없다는 태도와 포
즈. 이러한 일상 콘텐츠는 하루에도 무수히 벌어지는 생활 최
전선의 지리멸렬한 일을 잘 숨겨 두기 마련이다. 요컨대, 콘텐
츠가 될 수 있는 일상은 대개 긍정적이다.

　　학자들은 현대인에 만연한 '나르시시즘'에 주목하고 있
다. 자기애로도 해석되는 나르시시즘은 자기 자신에 대해 느
끼는 중요성과 특별함에 집중하는 마음뿐 아니라 그런 자신
을 바라보는 타인의 시선과 그로 인한 민감성을 모두 포함하
는 개념이다. 그러다 보니 나르시시스트는 스스로를 드러내
는 것에 그치지 않고, 드러낸 자신에 대한 타인의 구체적인 반
응에 갈증을 느낀다. 지난 2014년에 출간된 한 논문[1]이 흥미
롭다. 연구진이 총 28개 연구 집단에 포함됐던 1만 3450명의
자료를 대상으로 시계열별로 가중치를 곱해 분석해 보니, 한
국 대학생들의 나르시시즘이 지난 15년간 지속적으로 증가
한 것으로 나타났다. NPI 지수Narcissistic Personality Inventory는 40개

연도에 따른 한국 대학생들의 NPI 점수 변화 추이

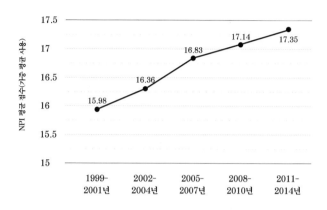

* 이선경 외 3인

의 강제 선택 문항으로 이뤄져 있고, 참여자에게 두 가지 문항 중 자신을 더 잘 설명하는 문항을 택하도록 돼있다. 가령 "나는 다른 사람과 비슷하다", "나는 비범하다" 라는 두 가지 문항이 주어지면 그중 하나를 택하는 방식이다.

　　물론 나르시시즘의 증가는 한국 대학생에게서만 나타나는 현상은 아니다. 미국에서도 인기 팝송의 가사나 책과 논문 같은 저술에서 드러나는 주어의 형태와 비중 등 사람들이 직접 사용하는 언어를 활용해 나르시시즘을 연구하고 있다. 지난 2009년 측정한 미국 청년 세대의 나르시시즘 성향은

1982년보다 약 58퍼센트가량 증가한 것으로 나타나기도 했다. 디지털 디바이스의 접근성과 숙련도, 낮은 출산율, 양육 과정에서 다인 가족의 주목을 한 몸에 받으며 살아온 성장 환경, 개인주의적 가치관의 확산 등……. 이런 나르시시즘 현상의 이면엔 선후와 인과 관계가 뒤섞인 다층적인 배경이 있다.

자기 전시는 인생의 낭비일까?

물론 전시형 SNS와 여기서 촉발되는 나르시시즘의 긍정적 측면을 연구한 논문도 있다. 적극적인 자기 노출이 타인과의 사회적 관계를 유지, 발전시키고 긍정적 감정과 사회적 지지감을 형성하는 데 도움이 된다는 것이다. 이러한 종류의 '느슨한 연결'은 실제로 만나서 깊은 수준의 대화나 친밀감을 나누지 않더라도 적당한 호의를 갖고 서로에게 도움을 줄 수 있는 관계를 형성한다. 대략의 생활상을 서로 노출하고 공유하는 SNS는 그들에게 최적의 선택지가 될 수 있다. 그러나 긍정적이거나 부정적인 이미지를 모두 담는 '기록적 자기 노출'과 삶의 긍정적인 부분을 화려하게 과장하고 과시욕을 충족시키는 '과시적 자기 노출'에는 중요한 차이가 있다. 바로 타인의 반응이 행복감에 미칠 수 있는 영향력이다.

신선화와 서미혜[2]가 인스타그램을 사용하는 20~30대 남녀 434명을 온라인 조사한 결과, 인스타그램을 얼마나 자주 사용하고 또 사진을 올리는지보다 무슨 목적으로 사용하는지가 사용자의 행복감에 더 큰 영향을 미친 것으로 나타났다. 과시의 목적일 경우 타인들의 반응(좋아요, 하트)이 저조할수록 확연히 행복 지수가 떨어졌다.

비리얼은 나를 담을 수 있을까

자기 브랜딩과 자기 PR이라는 무한 경쟁에 피로감을 느끼고, 가공된 이미지에 염증을 느끼는 사람들이 많아지면서 전시형 SNS가 아닌 있는 그대로의 모습을 친구들과 공유하자는 취지의 앱도 출현했다.

2019년 출시 당시부터 야금야금 입소문을 타다가 2022년에 들어 본격 미국과 유럽을 강타한 '비리얼BeReal'이 대표 주자다. 비리얼은 지난 2022년 3월 프랑스 앱 스토어에서 다운로드 1위를 기록했고, 한때는 하루 이용자 수가 평균 1000만 명에 이를 정도로 성장했다. 비리얼은 앱 이름부터가 '진솔해져라'라는 뜻이다. 비리얼에는 사진을 꾸밀 수 있는 보정 필터가 없고, 하루에 한 번 정해진 시간에 알람이 가면 그 순간을 촬영해 친구들에게 공유하도록 하는 타임 어택 형태의 SNS다. 비리얼 외에도 친구들과의 긍정 피드백을 강화하게 만드는 앱도 출시됐다. '슬레이Slay'는 매일 "나를 더 좋은 사람으로 만드는 사람", 또는 "가장 멋진 사람은 누구인가"와

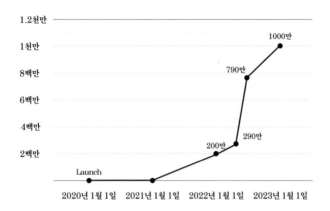

BeReal 앱의 하루 평균 활성 사용자 수

1.2천만 —
1천만 —   1000만
8백만 —   790만
6백만 —
4백만 —
2백만 —   200만   290만
          Launch

2020년 1월 1일   2021년 1월 1일   2022년 1월 1일   2023년 1월 1일

* Online Optimism

같은 이른바 칭찬 질문에 답을 해야 하는 구조로 설계됐다. 누
가 나를 지목했는지는 밝히지 않는다. 이 앱은 출시 4일 만에
독일 애플 앱 스토어에서 1위를 차지할 정도로 큰 인기를 끌
었다. 이뿐 아니라 남이 찍은 내 사진으로만 피드를 구성할 수
있게 한 '포파라치Poparazzi', 하루에 하나만 사진을 올릴 수 있
는 '디스포' 등 다양한 대안 SNS들이 출현했다. 하지만 이런
앱들 역시 SNS가 내재하는 나르시시즘을 부추기는 경향을 근
본적으로 막기는 불가능하다는 지적이 나온다. '진짜real' 모습
을 입증할 수 있는 장벽이 더 견고해질수록 이미지 조작과 가

공에 들어가는 피로도가 오히려 더 높아질 수 있다는 것이다.

가령 비리얼 앱이 활성화된 유럽에선, 앱의 특성상 촬영 알람은 하루 중 무작위로 가지만, 사진을 올릴 수 있는 제한 시간이 정해져 있지 않기 때문에 연출에 공을 들이는 사람들이 많다는 기사가 보도되기도 했다. 찰나의 진실을 포착하는 어원적 의미의 스냅 사진 역시 작가의 시선에서 자유로울 수 없다는 점을 떠올리면, 피사체가 된 자신을 가급적 마음에 드는 방식으로 포착하려는 노력은 어찌 보면 당연한 일일 수 있다. 하지만 이런 심리를 자극해 실제 모습과의 괴리를 넓히는 데 쓰이는 과시 소비는 더 큰 심리적 타격을 초래할 수도 있다. 자기 PR이 필수가 된 시대라는 압박감이 밀려들더라도 이것은 무엇을 위한, 누구를 위한 기록인가를 늘 반추하는 지혜가 필요하지 않을까.

채식주의는 어떻게 트렌드가 됐을까

'돼지고기까지가 호의'라는 오래된 경구가 있다. 소고기를 사주는 사람은 선을 넘은 호의인 만큼 그 의도를 의심해 봐야 한다는 것이다. '저기압일 땐 고기 앞으로'라는 표현도 있다. 이렇듯 오랜 세월 동안 고기를 먹는 것은 이른바 좋은 대접과 호의의 동의어처럼 사용돼 왔다. 그렇다면 '육식주의'라는 말은 어떤가. 고기 섭취를 의식적으로 줄이려 하는 '채식주의'

에 대응해 육식하는 문화를 일컫는 이른바 '미러링mirroring' 표현이다. 이상하지 않은가? 한 사회의 대부분이 가지 않은 길을 택하는 소수자들의 존재와 행보는 독특한 것으로 여겨지기 마련이다. 반면 당연하게 받아들여지는 건 따로 지칭할 만한 이름도 붙지 않는다.

육식주의라는 지칭이 신선하고 새로운 느낌을 주지만, 이제 채식주의와 채식이라는 키워드는 어디서나 발견할 수 있는 이름이 됐다. 지금도 전국의 많은 학생이 채식으로만 구성된 급식을 경험하고 있다. 서울의 경우 2024년엔 모든 학생들이 한 달에 서너 번 채식 급식을 먹게 된다. 매일 채식 여부를 결정할 수 있는 채식 선택제 시범 학교도 40곳으로 늘어난다. 이를 두고도 논쟁이 이어진다. 성장기 아이들을 대상으로 하기엔 채식 문화의 단백질 함유량이 너무 부족한 게 아니냐는 견해와, 어려서부터 고기에 길들여진 입맛을 바꾸려는 시도가 필요할뿐더러 오히려 아이들의 건강에도 좋다는 견해가 부딪치는 것이다.

채식이 트렌드가 되기까지

요란한 환경주의자들의 고집으로만 여겨졌던 채식이 이렇게 급식이라는 전통적인 식문화의 중심에 오기까지는 많은 노력이 필요했다. 30여 년 전부터 주변의 따가운 시선을 느끼면서도 채식 운동을 전파하고 2005년 '한국채식연합'을 만든 이원복 대표가 그 산증인이다. 채식의 종류는 여섯 가지에 달한다. 많아 보이지만 유심히 들여다보면 분류 자체를 이해하기는 어렵지 않다. 얼마나 먹는 것을 제한하느냐에 따라 채식의 단계가 구분된다.

먼저 완전히 식물성 식품만 섭취하는 완전 채식이 있다. 흔히 '비건'이라 부른다. 그 외에 유제품까지 섭취하는 '락토 베지테리언', 유제품과 달걀까지 먹는 '락토-오보 베지테리언', 생선까지 먹는 '페스코 베지테리언', 그리고 붉은 고기류를 제외한 닭고기까지 먹는 '세미 베지테리언'이 있다. 마지막으로 간헐적으로 붉은 고기류를 먹는 '플렉시테리언'이 있다.

이원복 대표는 완전히 식물성 재료만 섭취하는 비건이다. 대학 시절 육식이 가지고 있는 폐해를 불현듯 깨닫고 채식에 완전히 뛰어들었다. 건강에 부쩍 관심이 커지는 4050 중심의 채식 문화가 지금처럼 젊은 세대로 무게 추를 옮기게 된건 비교적 최근이다. 이 대표는 다음과 같이 말했다.

"코로나19로 인한 패닉이 영향을 크게 미쳤다고 봅니다. 인류에 치명적인 전염병은 대체로 육식 문화에서 촉발된 게 많습니다. 메르스, 광우병도 그렇고 돼지 독감도 마찬가지죠. 반려동물 인구가 늘고, 생존을 위해 기후 변화에 적극적으로 대처

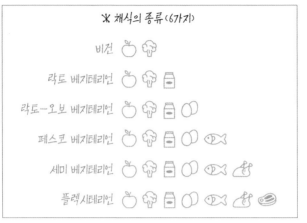

여섯 가지 채식의 종류 ⓒSBS

해야 한다는 자각도 가치 소비 본능을 일깨우는 데 일조했다고 봅니다."

소비에 적극적인 젊은 세대를 잡기 위해 대기업들도 채식을 입기 시작했다. 풀무원, 농심, 신세계푸드를 비롯한 대기업도 대체육 식품을 개발해 판매하고 있고, 대체육 브랜드를 사용하는 비건 식당을 론칭했다. 그럼에도 여전히 채식 시장 잠재력은 큰 것으로 평가된다. 한국농수산식품유통공사에 따르면 지난해 국내 대체육 시장 규모는 약 238억 원 수준이다. 가장 규모가 큰 미국에 비하면 약 2퍼센트 수준이다.

고기란 무엇인가, 호명 논쟁

육식에 비토veto하는 정신이 채식주의다 보니 축산업계와의 갈등도 잇따르고 있다. 대체육을 일컬어 고기라 할 수 있는지, 그리고 이 대체육을 과연 축산 코너에서 팔아도 되는지에 대해 논쟁이 벌어진 것이다. 이름은 이렇게 중요하다.

전국한우협회 등 26개 단체는 지난해 12월 축산 코너 매대에서 대체육을 판매하고 있는 대형 마트에 '소비자 인식을 왜곡한다'며 시정을 요구했다. 콩으로 만들었으니 두부 등을 진열해 놓은 가공품목에 배치해야 한다는 것이다. 또 정부에 식물성 대체 식품에 '고기'나 고기를 뜻하는 '육肉'이라는 표현을 쓰지 못하게 해달라고 촉구했다. 현재 국내 대형 마트에서 대체육을 판매하는 매장은 이마트, 홈플러스, 롯데마트를 합쳐서 150곳 미만이다. 이 중 약 20개 매장에서 대체육을 판매 중인 이마트는 아직 냉동 축산 코너에서 대체육을 판매하고 있다고 밝혔다. 물론 매출 규모는 매우 적은 편이다. 전체 육류 매출 대비 대체육 매출 비중은 0.006퍼센트에 불과하다. 이마트 측은 "축산업계에서 매대 위치를 두고 항의성 공문을 두 차례 보내 왔지만 식물성 대체육을 찾는 고객들의 접근성을 따져 배치했다"고 밝혔다.

축산업계 항의가 빗발치자 식품의약품안전처는 기준 마련을 위한 연구 조직을 결성하고 가이드라인 마련에 돌입

했다. 식약처 관계자는 대체육과 배양육을 원료로 인정하기 위한 안전성 기준을 마련하는 일에 초점을 두고 명칭, 표시, 정의 등을 어떻게 구분하면 좋을지를 자문받고 있다고 밝혔다. 현재까지 대체육에 대한 뚜렷한 지침은 고시로 마련되지 않았지만 '소비자를 기만하는 표시 또는 광고를 금지'한다는 식품표시광고법에 의거해 '고기', '육' 등의 표현은 규제 대상으로 유권 해석 처리되고 있는 것으로 알려졌다.

호명을 둘러싼 논쟁은 이른바 공장식 축산업의 메카라할 수 있는 미국 텍사스주에서 더 심각한 문제였다. 텍사스주는 2021년 5월 고기의 정의를 '소, 돼지, 닭 또는 기타 가축에서 도축한 식용 부분'으로 한정하는 식품법을 통과시켰다. 비슷한 법이 미시시피, 미주리, 루이지애나주 등에서도 제정됐다. 이 법에 따라 콩이나 두부 같은 단백질로 만든 제품이나 벌레 또는 세포 배양을 통해 만든 제품을 '고기', '돼지고기', '소고기' 등으로 부르는 것이 금지됐다. 다만 '버거'라는 명칭은 새로 제정된 기준에서 빠졌다. "소비자들이 자신이 구매하는 것이 무엇인지를 제대로 알도록 하기 위함"이 법 제정의 이유다. 유럽에서도 비슷한 일이 있었다. 2020년 유럽 의회에선 '채식 버거', '채식 소시지' 같은 명칭을 대체육에 쓸 수 없도록 하는 법안이 발의됐으나 부결됐다. 지난해 '크림 같은', '버터 같은'이라는 표현도 식물성 식품에 쓰지 못하게 하는 법안이 발의됐지만 역시 부결됐다. '상식적 수준에서 허용 가능한 표현'이라는 이유에서다.

채식은 지구를 구할 수 있을까

비거니즘이 이른바 돈 되는 가치 소비재로 자리 잡으면서 패션계에서도 비건을 표방한 제품들이 속속 등장하고 있다. 동물 가죽을 이용하거나 털을 뽑거나 깎아 만드는 의류를 생산하고 소비하는 일을 최대한 지양하자는 것이다. 그러나 그 반대급부로 비건이라는 이름을 달고 출시되는 합성 섬유 재질의 옷들이 환경에 더 악영향을 준다는 주장도 있다. 폴리에스테르, PVC 소재의 합성 섬유는 결국 또 다른 환경 오염의 주범인 플라스틱이라는 논지다. 물론 ESG에 대한 투자가 강화되면서 땅에 묻으면 썩는 재생 소재를 활용한 옷과 신발도 속속 등장하고 있지만 진정한 채식주의를 실천하기 위해선 소비 자체를 줄여야 한다는 주장도 나오고 있다. '하루 한 끼만 고기를 먹는 것으로도 지구를 구할 수 있다'는 실천적 방안부터, 지속 가능한 세계를 위해 학생들이 어릴 때부터 채식에 익숙한 식습관을 국가적으로 정착시켜야 한다는 정책까지 나온다. 채식 문화도 더는 지나칠 수 없는 대세가 된 것일까? 환경론자의 담론 영역에 있던 채식은 이제 명백히 '취향'의 영역으로 들어오게 됐다.

젊은 동년배들이 사주를 배우는 이유

사주, 운세, 토정비결은 지난해의 묵은 때를 벗겨내고 새로운 해를 맞이하기에 좋은 준비물이다. 이제는 '용하다'고 입소문 탄 명당 찾아 나서는 데 필요한 노력도 부쩍 줄었다. 손에 든 휴대 전화로 다 찾아볼 수 있는 시대이기 때문이다. 그것조차 귀찮다면 그냥 유튜브를 켜면 된다. 불안하고 초조한 당신을 위로하기 위한 수천 개의 타로 영상이 기다리고 있다. 불안 사회의 방증이라고만 말하기엔 명리, 사주, 역학, 무속과 같은 말이 정치 뉴스에 이렇게 자주 등장하는 것도 처음이다. 중국에서 발흥해 수 세기 동안 한반도 역사와 함께한 무속과 역학이 다시 뜨거운 이슈의 한복판에 떠올랐다. 이런 떡상의 배경엔 젊은 세대의 뜨거운 관심도 있다. 고루한 토속 신앙의 잔재, 낡은 세대의 전유물이라기엔 요즘 젊은이들의 사주 사랑이 유별나다. 사주는 성격 유형 검사 MBTI와 감히 쌍벽을 이루는 셀프 탐구의 도구가 됐다. 사주 역학은 어쩌다 요즘 것들의 마음을 이토록 사로잡게 된 걸까?

사주 풀이도 스마트하게 하는 시대

통상 사주 역학의 원리를 설명할 때 가장 먼저 언급하는 것이 굿이나 점술을 뜻하는 무속과의 차별성이다. 사주 풀이의 재료는 정해져 있다. 태어난 해와 날짜, 그리고 시간이 그것이다. 연, 월, 일, 시가 굵직한 네 개의 기둥, 사주四柱가 된다. 그리고 이 기둥에 각각 두 글자씩, 도합 8개의 글자를 팔자八字라 부른다. 흔히 말하는 '사주팔자'라는 말이 여기서 나왔다. 그리하여 사주 공부라 부르는 것을 명리命理에 관한 학문이라 부른다. 다시 말해 이 여덟 글자는 당신의 삶을 인식하는 '바코드'라 할 수 있다.

해설가별로 제각각 다른 풀이와 해석을 내놓을 수 있지만, 이 바코드는 모두 1900년대 고종 재위 시절 출간된 역서(달력) 만세력에 유래를 두고 있다. 만세력은 달력을 60갑자로 표기한 형태다. 지구가 태양을 도는 궤도를 계절 단위로 분절한 24절기에 따라 각 순서대로 글자의 조합이 이뤄진다. 누가 계산하든 같은 결과가 나오지만 암산에 시간이 다소 걸릴수는 있다. '선생님'들이 의뢰인 앞에서 이것저것 써가며 암산 실력을 뽐냈던 과거와 달리, 현대에는 각종 웹사이트와 모바일 앱에서도 검색어를 입력하면 만세력을 쉽게 찾아볼 수 있다. 한 역술인 카페에선 "손님이 앞에 있는데 이 책, 저 책을 뒤져 가며 복잡한 계산을 하다간 체면이 손상되기 일쑤"라며 "복잡한 계산은 컴퓨터에 맡기는 것이 좋다"고 조언하기도 한다.

시대를 반영하는 역술

만세력에서 추출한 팔자는 음과 양, 또 오행五行이라는 기운을 따른다. 오행은 우주의 질료로 일컬어지는 나무, 불, 흙, 금, 물을 뜻한다. 음양과 오행은 비단 사주뿐 아니라 풍수나 작명과 같이 동양 문화에서 전해 내려오는 중심 개념이다. 이 성질들이 추가되면서 사주 해석의 경우의 수는 더욱 방대해진다. 재밌는 지점이 있다. 만세력이 지구의 공전 궤도를 분절한 24절기를 따르기 때문에 봄, 여름, 가을, 겨울의 계절감은 매우 중요한 요소가 된다. 그러다 보니 중국, 한국과는 계절이 반대인 호주, 뉴질랜드 등 남반구에서 태어난 이들의 사주는 조금 더 복잡한 계산이 필요하다. 지구의 어느 쪽에서 태어났느냐에 따라 사주 풀이가 달라지는 것이다. 그러다 보니 요즘엔 만세력을 제공하는 모바일 앱에서 사주 풀이 대상자의 출생 장소도 기입하게 하는 경우가 있다. 출생지의 위도와 경도에 따라 만세력 데이터의 시차를 반영하는 것이다. 명리학의 세계화를 위한 현대적 변용이라 표현할 수 있겠다.

〈운명〉교향곡을 작곡한 독일 출생의 위대한 작곡가 루트비히 반 베토벤의 '바코드'를 살펴보자. 강헌의 《명리, 운명을 읽다》에 따르면 베토벤은 독일 본에서 1770년 12월 16일 새벽 3시 40분에 태어났다. 만세력 앱을 돌려 보니, 베토벤은 경인년 무자월 임인일, 임인시생 사주를 가지고 있다. 앞서 말

베토벤의 사주 ⓒSBS

한 오행은 통상 팔자에 색깔로 표시된다. 녹색은 나무, 검정색은 물, 흰색은 금, 노란색은 흙을 뜻한다. 베토벤의 팔자는 오행 중 나무와 물의 기운이 각 세 개씩 있고, 흙과 금이 하나씩 있다. 우리 베토벤 씨는 불이 없는 팔자다.

시대의 변천에 따라 해석 방식에 중대한 변화가 나타나기도 한다. 사주 이론의 연원을 거슬러 올라가는 연구들을 살펴보면 사주의 해석 방법은 사회 경제 체제와도 밀접한 관련이 있다. 해상 무역 세력을 바탕으로 세워진 고려에서는 항로와 밀접한 밤하늘 별점이 '관학'으로 자리한 반면, 농경이 주류였던 조선에선 절기에 맞춰 경제 활동을 이어 가는 것이 지상 과제였다. 별점과 관학의 지위를 공동 점유하던 사주는 조선 후기로 접어들수록 차츰 주류가 됐다.

봉건 사회가 점차 근대로 진보하고, 집단에서 개인으로 시대정신의 무게 추가 이동할수록 조상과 부모를 뜻하는 태어난 해(연주)에서 본인, 자아를 뜻하는 태어난 일(일주)로 사주 해석의 중심이 이동하기도 했다. 과거 문헌에도 중국 송나라 이전의 사주술은 사주 여덟 자 가운데 연주 두 글자를 중심으로 하고 일주와 월주는 보조 자료로 삼았다는 기록이 남아있다.

또 다른 사례로는 '관官'에 대한 해석을 들 수 있겠다. 과거엔 여자의 사주에 '관'이 많으면 문란하다고 해석했다. 본래 '관'은 관직과 벼슬을 의미하지만, 관직에 진출할 수 없었던 당시 여자가 신분 상승을 이룰 유일한 방법은 사실상 결혼이었기 때문이다. 즉 과거엔 여자에게 '관'은 '남자'로 해석됐다. 지금은 완전히 다른 해석이 적용될 수 있다.

스마트 시대의 언택트 점술업

요즘 세대의 취향을 저격하는 현대적 해석으로 이른바 대박 내는 사업도 속속 등장하고 있다. IT 대기업 출신 엔지니어 두 명을 포함해 다섯 명이 의기투합해 창업한 '포스텔러'는 5년 만에 누적 가입자 수 국내 460만 명을 달성했다. 2022년 2월 기준 월 방문자 수는 국내 100만 건, 해외 70만 건에 달한다. 애니메이션 캐릭터를 등장시켜 사주, 점술에 대한 접근성을 높이고 개개인의 성격과 범주를 쉽게 다른 사람들에게 공유할 수 있는 서비스를 제공한 게 입소문의 비결인 것 같다고 심경진 대표는 말한다. 결국 만세력과 풀이도 데이터로 환원할 수 있다는 점에서 그간 업으로 삼던 프로그래밍 언어와 공통점이 많았던 셈이다.

포스텔러는 각각의 케이스에 대응할 수 있는 해석 알고리즘을 제작하는 과정에서 현대적 변용에 가장 중점을 뒀다. 가령 시대를 역행할 수 있는 '현모양처'라는 표현을 모두 들어냈다. 상황에 따라 불쾌할 수 있는 표현을 순화하고, 팩폭보다는 위로에 초점을 맞췄다. 사용자 데이터를 살펴보니 불안과 초조함에 정답을 찾던 방문객은 이제 마치 출석 도장을 찍듯 거의 매일 앱에 접속하고 있다. 한국 이용자들의 주간 앱 실행 횟수는 평균 여섯 번에 이른다.

사주와 운세 수요의 방대한 데이터가 점차 쌓이면서 지난 5년간 조금씩 변화한 사용자의 '욕망 트렌드'도 눈에 띈다.

"사실 사용자들이 늘어나면서 패턴이 다각화되긴 했습니다. 다만 시즌별로 일정한 흐름이 있었습니다. 가령 1월에 가장 많이 보는 운이 '재회운'입니다. 연말에 사귀고 헤어지고 1월에

굉장히 많은 이용자들이 다시 만날 수 있을까를 고민하더라
고요."

코로나19 시국도 사용 패턴에 영향을 준 것으로 보인다.

"코로나19 이전에는 애정운 수요가 굉장히 컸습니다. 설문을
해보면 많은 사람들이 재물, 직장, 이런 이야기들을 하지만 실
상 사용 패턴에선 애정운이 중심이 될 때가 많거든요. 그런데
코로나19 사태를 기점으로 저희가 준비한 애정 콘텐츠들의 반
응이 굉장히 낮아지고 도리어 직업 적성이나 미래 취업 이런
것들이 확 올라갔습니다. 시대적 배경의 변화가 사주와 운세에
기대하는 바에 바로 영향을 미친다는 것을 확인했습니다."

요즘 사주 키워드, 셀프와 디테일

사주에 대한 근래 대중들의 관심은 '과몰입 마니아'를 양산하
고 있는 MBTI 콘텐츠와도 비슷한 궤적을 그리고 있다. 집단
보다는 개인을 중심에 둔 해석을 선호하면서도, 어디인가엔
꼭 소속감을 느끼고 싶어 하는 양가적 욕망이 그것이다. 16가
지 유형의 MBTI 특성과 행동 양식에 공감하며 자신의 성격과
행동을 집단의 울타리 안에서 인준받으려 하는 것처럼 명리
학 역시 요즘 것들의 정체성 찾기 도구가 되고 있다. 정체성

탐구의 수요는 사주 스터디에서 정점을 찍고 있다. 최소 5만 원, 10만 원 수준의 사실상 정찰제가 적용되고 있는 사주 시장에서 벗어나 스스로 명리학을 배우려는 사람들이 많아지는 추세다. 인기 강의 플랫폼 '클래스101'을 비롯한 여러 온라인 강의 플랫폼에서는 자신이 사업을 해도 될지, 그 여부를 배울 수 있는 이른바 '비즈니스 사주', '재테크 사주' 등의 수업이 있다. 여러 구체적 상황을 타깃으로 삼고 사주 풀이를 교육하는 강의들이 인기를 끌고 있는 것이다.

자아 탐구의 영역은 특정한 상황 속에서 '나라면 어떻게 할 것인지'에 대한 상상 공간으로도 뻗어 간다. 포스텔러 심경진 대표는 사주 풀이 알고리즘 위에 서양의 점성술, 별자리 운세 등 다양하게 결합할 만한 이른바 '혼종 아이템'도 갈수록 대세가 되고 있다고 전한다.

"시대 전반적으로 최근 사주에 대한 관심은 '범주화'에 대한 욕망의 일환인 것 같아요. '너는 이런 타입이야, 저런 타입이야'라고 대화하는 방식이 최근 몇 년 사이 자리를 잡았죠. 자신이 제대로 된 방향으로 나아가고 있는지, 어떻게 행동하는 게 자신에게 가장 잘 어울리는 것인지를 알아보려는 시도인 것 같아요. 우스갯소리로 저희끼리는 취업을 준비하는 20대들 일부는 자기소개서를 쓸 때 저희 앱을 이용하지 않을까 한

다는 얘기도 해요. 그 정도로 자신에 대해 알고자 하는 욕망이
사용 패턴에서 많이 읽힙니다."

진지한 운명론이라기엔 게임처럼 가볍고, 미신으로 치
부하기엔 생각보다 더 큰 위로가 되는 성찰 도구. 2000년을
이어져 내려온 동양 철학의 분파가 요즘 것들에게 재기발랄
하게 전유되고 있다.

허세와 문화 사이, 오마카세

매해 새로운 키워드들로 요약되는 새 책이 나올 수 있을 만큼,
트렌드의 주기와 속도는 따라잡기 어려울 정도로 파도치고
있다. 트렌드, 말하자면 유행이라는 건 때로 아주 작은 계기
때문에 터져 나온다. 또는 그간 차곡차곡 쏟아붓던 물독에 마
침내 균열이 나듯 흘러나올 때도 있다.

몇 년간 요즘 사람들의 대명사처럼 불리고 있는 오마카
세는 어떨까? 신기한 메뉴, 부자들만 먹는 메뉴였던 오마카세
는 SNS에 올리기 좋은 자랑과 과시의 대상이 됐다. 그리고 최
근 들어선 '분수를 모르는 소비 풍조'의 대표 아이콘으로, 오
히려 조롱받는 대상이 됐다.

오마카세는 수강신청급?

뉴스 빅데이터 분석 서비스 빅카인즈에 따르면 '오마카세'라는 표현이 한국 언론에 처음 등장한 건 2002년이다. 일본 아오야마에 있는 노부 식당이 한국에 진출할 채비를 하고 있다는 《동아일보》 기사가 나왔는데, 당시 다섯 가지 코스 요리가 1~2만 엔이라고 쓰여 있다. 지금 환율로 계산하면 10~20만 원 정도다. 그로부터 20여 년의 시간이 흐른 지금까지, 거의 연간 1~2회 단위로 언급됐던 키워드 '오마카세'는 언급된 기사가 2019년 98건, 2020년 144건, 2021년 22건, 2022년 413건으로 본격 폭증했다. '스강신청'이 시작된 것이다. 스강신청은 오마카세를 판매하는 스시야에 예약을 잡는 일이 대학교 인기 강의를 신청하는 일만큼이나 어렵다고 붙여진 별명이다.

　　오마카세おまかせ는 일본어로, 어떤 일의 처리를 타인에게 맡기는 서비스라는 뜻을 가지고 있다. 스시 오마카세가 셰프에게 그날의 메뉴를 전담시키는 것처럼 '알아서 잘, 딱 깔끔하고 센스 있게' 특정 서비스를 맡기는 것이다. 그러다 보니 일본에서는 오마카세라는 단어가 스시뿐 아니라 맞춤형 서비스를 지칭할 때도 쓰인다. 오마카세 요금제, 오마카세 배송처럼 말이다. 순화 운동 차원에서 '맡김' 또는 '일임' 차림으로 부르자는 캠페인도 진행 중이지만, 그래도 '-카세'가 아직 입에 짝짝 붙는다.

　우리나라에서도 각종 '-카세'들이 속속 등장했다. 에스프레소 바 유행이 겹치면서 여러 종류의 커피를 다양하게 경험할 수 있는 '커피카세'도 있고, 음식 재료에 따라 이모님 재량껏 술상을 차려주는 '이모카세'도 나왔다. 그 외에도 문구덕후를 위한 필기구 종합 세트 '문구카세', 다꾸(다이어리 꾸미기)족을 겨냥한 다용도 '오마카세 스티커'도 등장했다. 음식메뉴의 일종에서 일종의 문화적 코드가 된 것이다.

미식의 동네 맛집화

통상 스시 오마카세의 등급은 엔트리, 미들, 하이엔드의 세 가지로 나뉜다. 요즘엔 물가가 올라 디너 기준으로 1인에 각각 8만 원, 10만 원대, 20만 원대 이상일 경우를 일컫는 게 일반적이다. 한 끼 식사로 여전히 고가이긴 하지만, 몇 년 새 엔트리 등급 스시야가 부쩍 늘면서 접근성도 많이 높아졌다. 스시 오마카세는 보통 전식, 본식 스시, 후식의 세 구성으로 진행되는데 전체 코스의 개수와 셰프가 선택한 그날의 재료가 이 등급을 결정짓는 주요 요소다. 전식은 전복이나 문어 같은 매끄러운 질감의 재료로 구성되는 경우가 많다. 이후 담백한 흰 살 생선에서 등 푸른 생선, 참치, 장어 순으로 제공되고, 스시 코스가 끝나면 우동이나 소바, 이후 디저트가 나오는 구성이 일반적이다. 가격 상방이 열려 있는 하이엔드 등급 오마카세는 재료 사용의 자유도가 높고, 상대적으로 부담이 적은 엔트리 등급 오마카세의 경우 수지타산을 맞추기 위해 주류를 필수로 주문하게 하는 곳이 많다.

요식업계에 따르면 국내에 오마카세를 처음으로 선보인 곳은 바로 신라호텔의 '아리아케'와 조선호텔의 '스시조', 두 곳이다. 소수의 국내 미식가를 타깃으로 삼은 두 호텔은 각각 일본 유명 스시야에서 대표 셰프들을 경쟁적으로 영입하며 국내 오마카세 부흥기를 이끌었다는 평가를 받고 있다. 지금도 성업 중인 압구정 청담 등지의 스시야는 두 호텔에서 배출한 셰프들이 독립해 차린 가게다. 오마카세의 인기가 높아지면서 텔레그램과 카카오톡 오픈 채팅방 등에선 수백 명이 넘는 사람들이 모여 실시간으로 전국 스시야 정보를 나눈다. 심지어는 이 집단 지성을 정리해 전국 403개 스시 오마카세 정보를(서울 216개, 경기 74개, 기타 지역 113개) 한눈에 알아볼수 있는 스프레드 시트도 유통되고 있다. 이제는 서울 및 수도권에선 구 단위로 가볼 만한 오마카세 식당을 찾아볼 수 있는 수준으로 대중화된 것이다.

폭증한 관심엔 코로나19 영향도 컸다. 전 연령대 사용자를 기준으로 네이버 포털에서 검색한 키워드 트렌드를 들여다보니 2020년을 기해 '뷔페'와 '오마카세'의 검색량이 교

'뷔페'와 '오마카세' 네이버 검색량 추이

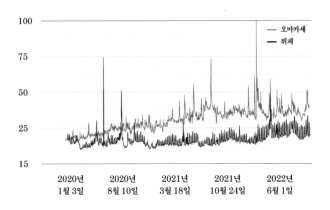

* SBS

차했고 그 이후로 눈에 띄게 검색량이 늘기 시작했다. 아무래도 1~2부의 소수 정예로 운영되는 착석 시스템과 줄어든 외식 빈도에 한 끼라도 더 고급 음식을 먹자는 식의 보상 심리가 작용했을 것으로 보인다.

오마카세는 식당 창업의 정답일까

공급 차원에서 '오마카세 대세기'가 도래했다는 분석도 있다. 막 가게를 연 젊은 요리사들 다수가 여러 전략적인 이유로 오마카세를 선택하면서 접근성이 대폭 높아졌다는 것이다. 실제로 대다수의 스시야가 테이블 좌석이 아닌 바bar 형태의 카운터 석을 운용하고 있다. 상대적으로 작은 공간에서 손님들을 받을 수 있어 공간에 들어가는 비용을 절약할 수 있고, 하이엔드 스시야에서 시작한 예약 보증금 제도가 안착하면서 재고 관리의 리스크를 줄일 수 있다는 점이 큰 장점이다. 스시를 만드는 거의 전 과정을 고객들에게 보여 주면서 대화를 통해 라포를 형성하기도 쉽고, 고객과의 가까운 거리 덕에 홀 서빙 직원을 고용해야 하는 부담도 대폭 줄어들 수 있다. 물론 그만큼 주방장의 실력이 그대로 드러나기 쉽고, 여러 역할을 주방장 혼자 해결해야 하는 작은 스시야의 경우 체력적으로 고되다는 문제점은 있을 수 있다. 다만 '작더라도 확실한 장점'을 원하는 요즘 세대 젊은 사장님들에게 오마카세는 너무나 매력적인 선택지라는 의견이 많다.

6년 전 경기 화성시에 미들급 스시야를 연 백승엽 셰프도 "생존을 위해 창업을 해야 하는 상황에서 오마카세가 가장 적절해 보였다"고 운을 뗐다. 창업 당시엔 고가의 식대 때문에 타깃 고객층을 '비즈니스 접객'으로 잡았지만 지금 대부분 고객은 20~30대 연인들 또는 가족들이다. 23년째 일식에 종사하고 있는 A씨도 2020년 독립해 처음으로 도전한 창업 메뉴로 오마카세를 선택했다. 재량을 마음껏 발휘할 수 있다는 점이 매력적이었다.

"대부분 손님들이 30대다. 단골층이 두텁다. 가격과 재료의 질에 가장 주안점을 두는 편이다. 지금 한국에는 오마카세 식당이 너무 많다. 80퍼센트는 거의 유행을 좇아갔다고 생각하면 된다. 실력을 못 갖췄는데도 가게를 연 사람들이 많고, 대부분 자기 메뉴가 아니라 잘 나가는 셰프들의 메뉴나 트렌드를 따라 하고 있다. 대표적으로 후토마키(스시 코스가 끝날 무렵에 나오는 일본식 김밥)가 그렇다."

오마카세, 허세냐 문화냐

대세가 된 만큼 비판의 목소리도 따른다. 요약하면, 오마카세가 이렇듯 대중에게 소비될 만큼 평범한 가격이 아니라는 것이다. 사실 엔트리급이라 해도 한 끼에 8만 원 정도의 비용이 부담 없는 수준은 아니니 말이다. 한 부동산 유튜버는 오마카세 유행을 일컬어 '허세의 인플레이션'이라는 표현을 썼다. SNS 등을 통해 전파된 분수에 맞지 않는 소비가 젊은이들이 자산을 모으는 데 악영향을 끼친다는 논리에서다. 그 표현이 유행하면서 오마카세는 요즘 젊은이들의 사치 풍조를 상징하는 오명을 얻기도 했다. 때로는 계급 의식을 조장하는 맥락에서 쓰이기도 한다. 소속을 인증하고 가입할 수 있는 직장인 익명 커뮤니티 '블라인드'에서는 한 의사 유저가 유명한 스시야를 예약하기 어려우니 월 소득이 세후 400만 원 이하인 사람들은 오마카세를 누리지 못하게 하는 법안을 만들어야 한다는 게시글을 올려 열띤 토론이 붙기도 했다.

다만 한국 사람들의 미식 문화가 본격화된 시점에서 오마카세 열풍을 단순 허세로 규정하는 건 납작한 해석이라는 지적도 나온다. 김헌식 대중문화평론가는 오마카세 유행을 "기존 문화에서 해결해 주지 못했던 결핍의 해소 창구"로도 볼 수 있다고 말한다. "정해진 규격과 규칙처럼 식사를 주고받는 기능을 수행한 그간 주류 한국 식사 문화에서, (오마카세는) 일종의 쌍방성을 획득한 경우라고 본다." 소비자들이 음식을 먹는 행위를 목적 수행 차원에서 인식하기보다 일종의 콘텐츠로 인식하게 됐다는 것이다. 실제 현업에 종사하고 있는 셰프들도 근래 고물가에 '짠테크' 관심이 높아지는 시기지만 아직은 가게 경영 상황이 경기 영향을 받는 것 같지는 않다고 전해 왔다. 오히려 경쟁자가 늘어 오마카세 구성의 재료질과 참신함이 중요해졌다. 즉 셰프의 실력으로 금세 도태될 곳과 성공할 곳이 확연히 나누어지는 게 추세라는 말이다. 부산에서 가게 문을 연 지 1년 반이 되었다는 김준호 셰프는 "경기는 좋을 때도 있고 나쁠 때도 있지만 한 번 높아진 입맛은 내려가지 않는 것 같다"며 다음과 같이 말했다.

"오마카세가 유행을 탄 건 맞지만 입맛의 수준이 높아진 건 사실이다. 4~5년 전 식당에서 일할 때만 해도 사람들이 등 푸른 생선에 대한 선입견과 활어만 좋다는 인식 때문인지 고등어는 빼달라고 했지만, 요즘엔 고등어만 따로 찾는 손님들이 생길 정도다. 숙성 회에 대한 인식이 좋아졌기 때문이다. 미식에 대한 수준이 높아졌다."

체험한 걸 과시하고 알리려는 욕망은 인간의 역사 어느 때라도 있었다는 반박도 있다. 인하대학교 소비자학과 이은희 교수는 "다만 SNS라는 도구가 그 욕망 실현을 조금 더 쉽게 하는 데 도움을 준 것일 뿐"이라며 "'가치 있다'고 느끼는 경험의 확산이 꼭 나쁜 것으로 치부될 순 없고 이를 통해 실제로 얻는 효용이 더 중요하다"고 말했다. 오마카세 유행은 '무지출 챌린지'라는 새로운 흐름 속에서도 꿋꿋이 남아 뿌리내린 미식 문화로 자리 잡을 수 있을까? 매년 새롭게 나올 트렌드 리포트에서도 과연 오마카세의 인기는 여전할 수 있을까?

포켓몬 빵 열풍이 보여 주는 팬덤 소비

오픈 런의 장소가 바뀌었다. 샤넬, 루이비통 같은 명품 매장들이 즐비한 백화점 앞이 아니라 현대인의 오아시스, 편의점 앞이 오픈 런 손님으로 가득하다. 주인공은 'SPC삼립'이 16년 만에 다시 출시한 '포켓몬 빵'이다. 통상 편의점에 새 상품이 입고되는 시간이 늦다 보니 밤마다 포켓몬 빵을 사냥하려는 이들이 이른바 원정에 나서고 있다. 바야흐로 16년 전, 2006년 '라떼'는 하나에 500원이었던 빵 하나 가격이 이제 1200원이다. 빵값이 두 배 넘게 오를 만큼 세월이 흘렀다. 변하지 않은 것은 빵과 함께 들어있는 추억의 포켓몬 '띠부씰'이다. 당첨 확률이 낮은 일부 포켓몬 띠부씰은 중고 시장에서 개당 5만 원에도 판매가 되고 있다고 하니, 우당탕탕 포켓몬 빵 오픈 런 사태의 진정한 주인공은 바로 이 띠부씰이라 할 수 있겠다. BTS의 RM도 포켓몬 띠부씰을 찾아 헤맬 정도다. 16년 전 잠든 줄만 알았던 유행을 다시 부활시키고 출시 2주 만에 빵 350만 개를 완판한 힘은 과연 어디에 있을까? 그 비법은 다름 아닌 팬덤에 있을지 모른다.

포켓몬 빵 품귀 현상이 일어난 이유

화제의 중심에 있는 '띠부씰'은 '띠부띠부씰'을 줄여 부르는 이름이다. '뗐다 붙였다'할 수 있는 씰seal이라는 뜻이다.

SPC 측에 따르면 수년 전 다른 제품을 출시할 때 자사가 최초로 개발한 이름이다. 최근 유례없이 치솟은 포켓몬 빵의 인기에 코로나19로 존폐 위기에 내몰렸던 경북 경산 '띠부씰' 제조 중소기업도 활황기를 맞았다. PVC 방수 소재로 만들어진 스티커라 접착력이 강하면서도 떼어내고도 흔적이 남지 않은 점이 강점이다. 포켓몬 빵 재출시를 기획한 마케터는 연이은 품귀 현상에 생산 일정을 새로 짜느라 조만간 병가를 내야 할 정도로 눈코 뜰 새가 없는 것으로 전해졌다. 사실 재출시 기획이 마케터의 머릿속에서만 나온 것은 아니다. 수년간 포켓몬 빵을 잊지 못한 고객들의 출시 요청이 빗발쳤다. 고객의 소리에 잔뜩 쌓인 민원과 실무 마케터 본인의 팬심, 그리고 때맞춰 적절하게 성사된 〈포켓몬〉과의 상표권 계약이 대박을 견인했다.

구매력이 충전된 소비자들의 어릴 적 향수를 자극해 죽은 게임도 살려 내는 팬덤의 사례는 더 있다. 2002년 넷마블에서 서비스를 시작해 많은 이용자를 끌어모았던 게임 〈노바1492〉는 2011년 서비스가 종료됐다. 4년 뒤인 2015년, 이 게임을 그리워하던 팬들로 꾸려진 개발진이 직접 회사를 차려 게임을 되살려 냈다. 재출시 소식을 기다리던 다른 팬들의 성원에 힘입어 시작된 텀블벅 펀딩에는 하루 만에 1000만 원이 모였고, 현재까지도 게임 서비스가 운영되고 있다.

1000명만 있으면 성공하는 팬덤 경제학

유명 과학 기술 문화 잡지 《와이어드》를 공동 창간한 경영 전문가 케빈 켈리Kevin Kelly는 2008년 디지털 시장에서 생계를 유지하기 위해서 필요한 건 수백만 명의 고객이나 수백만 달러가 아니라 '1000명의 확실한 팬'이라는 내용의 에세이를 썼다. 이 확실한 팬은 그야말로 당신이 생산한 모든 것을 소비하는 사람들이다. 처음부터 100만 명의 팬을 모으려는 것보다 크리에이터의 모든 창작물에 1년에 최소한 10만 원가량을 쓸 용의가 있는 진정한 팬 1000명을 모으는 것이 훨씬 더 현실적이라는 말이다. 그렇게 되면 크리에이터는 팬 각각이 어떤 사람인지를 알고 그들을 더욱 수월하게 챙길 수 있다.

대형 유통사를 거쳐야만 창작물을 판매하는 경로를 확보할 수 있었던 종전과는 달리, 지금은 클릭 한 번으로도 창작자가 팬들과 직접 소통, 거래할 수 있는 시대다. 크리에이터가 더 개별적이고, 더 희귀한 팬들의 요구 사항에 직접 응답할 가능성도 커졌다. 100만 명 중 한 명만 관심을 가지는 작품이나 아이디어라 해도 지구상으로 따지면 이런 사람들이 7000명일 수 있다. 이 7000명이야말로 나를 배신하지 않고 끊임없이 소비해줄 팬이다. 다시 말해 유명세와 제품 다양성의 상관관계를 그린 그래프에서 오른쪽으로 끝없이 뻗어 나가는 '긴 꼬리'의 기적을 명심하라는 교훈이다.

케빈 켈리의 긴 꼬리 전략

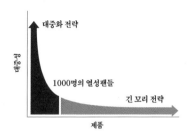

　　애초에 다수에게 통할 아이디어는 큰 부와 명예를 가져다주는 대박 상품이 되지만 이 '정답'을 찾기란 여간 어려운 일이 아니다. 하지만 극소수에게만 향유되는 제품이라도 오른쪽으로 길게 뻗어 가는 저 꾸준함에 기적이 있다. 케빈 켈리는 꾸준한 소비의 가능성, 16년이 지나도 잊지 않고 재출시를 갈망하게 되는 그 팬심에 주목하라고 말한다. 어느덧 10년이 훌쩍 넘은 케빈 켈리의 에세이는 그 뒤로 각종 크라우드 펀딩의 활성화, 가치 소비 유행, 맞춤형 광고 시장의 부흥과 같은 사례로 증명되며 디지털 마케팅의 교본이 되었다.

서브컬처의 뚝심 소비

BTS의 성공이 가장 확실한 예화로 거론될 수 있겠다. 무차별 대중을 타깃으로 히트 상품을 내놓는 것이 전통적인 관습처럼 굳어졌던 아이돌 산업에서 과감히 팬 서비스에 베팅한 전략이 대박을 터뜨렸다. BTS의 대성공을 사다리 삼아, 어느덧 전 세계적인 유력 엔터테인먼트 기업으로 성장한 하이브는 종전의 성공 전략을 더 영민하게 갈고닦는 데 매진하고 있다. 하이브 소속 남자 아이돌 그룹 '엔하이픈'의 결성 과정을 보여 줬던 Mnet의 서바이벌 프로그램은 지난 2020년 비록 매우 저조한 시청률을 기록하며 종영했지만, 디지털 클립 누적 조회 수로 무려 1억 8000만 뷰 이상을 기록했다. 첫 앨범을 내기 전부터 구축된 전 세계 팬덤이 기반이 됐기에 가능한 일이었다. 하이브에 따르면 자회사가 운영하는 커뮤니티 플랫폼 '위버스'에 있는 엔하이픈 커뮤니티 가입자는 280만 명이 넘는다. 비록 국민적 인지도가 높지 않고 눈에 띄는 히트곡도 마땅히 떠올리기 쉽지 않지만 파편화된, 그러나 결코 얕잡아 볼 수 없는 굳건한 글로벌 팬덤이 어디선가 그들의 스타를 떠받치고 있다.

어원으로 보면 팬덤은 fanatic의 fan, '영지領地'라는 뜻을 지닌 dom의 합성어다. fanatic은 라틴어 '파나티쿠스fanaticus'에서 온 말로, 교회에서 금전적 요구 없이 헌신적으로 봉사하는 사람을 지칭하는 말이다. 또 특정한 분야나 인물을 열정적으로 좋아하기 때문에 완전히 몰입한 사람을 지칭하는 말로도 쓰인다. 열성 팬들이 스스로 2, 3차 저작물을 생산해 내고, 저작물들은 세계관으로 발전한다. 창작과 소비의 경계가 흐려지는 지점, 마케터들이 열광하는 순간이다. 시장에서는 이미 팬덤을 마케팅의 도구가 아닌 전부로 받아들이고 있다. 마케팅 전문가 데이비드 미어먼 스콧David Meerman Scott은 2020년 출간한 저서《패노크라시Fanocracy》에서 제품과 서비스보다 더 중요한 것이 바로 팬덤을 만드는 것이고, 팬덤이야말로 모든 조직의 로켓 연료가 될 수 있다고 표현했다.

책에서는 상호 작용의 중요성과 가까운 거리감이 여러 차례 강조된다. 고객을 심리적, 물리적으로 친밀한 소통이 가능한 개인적 거리, 1미터 이내로 끌어들이는 일이 정서적 유대를 형성하기에 가장 좋다는 것이다. 언제든 쉽게 아이돌의 생활상에 접속할 수 있게 하는 인프라를 형성한다거나, 특별한 팬심을 드러낼 기회를 많이 부여하는 등의 전략이 그 사례다. 대륙의 실수라 불리는 샤오미는 아예 회사 슬로건을 '오직 팬들을 위해서!Only for Fans!'로 삼았다. 샤오미는 제품의 기획·개발에 팬들이 직접 참여할 수 있는 기회를 제공하고 적극적으로 커뮤니티에서 유저들 간의 소통을 장려한다. 애정을 쏟은 팬들은 자부심을 갖고 제품 소비는 물론, 홍보와 브랜드 마케팅까지 떠맡는다. 숫자로 기업과 브랜드를 한계 짓는 숱한 지표들을 한방에 무력화시키는 강력한 팬덤 경제는 이제 누구나 아는 비책이 됐다.

CNN은 왜 한국에 패션 회사를 차렸을까

큼지막한 빨간색 '코닥' 로고와 빗금 무늬가 박힌 노란색 후드 티, 미국 아이비리그 대학교 이름인 '예일YALE' 글씨가 가슴팍에 새겨진 맨투맨 티셔츠가 거리에서 자주 보인다. 예일 대학교 학생이 이렇게나 는 것일까? 노란색 테두리 직사각형 로고 옆으로 '내셔널지오그래픽' 글자가 새겨진 바람막이, 웬만한 백화점마다 입점해 있는 '디스커버리' 겨울 패딩은 어떤가? 이 옷들에는 공통점이 있다. 바로 전부 한국 패션 브랜드 제품이라는 것이다. 외국에서도 봤다고 반문할 수도 있겠다. 그것도 한국 패션 회사가 수출한 제품이다. 이젠 CNN 로고가 새겨진 '버킷 햇'을 쓰고 다니는 사람들을 거리에서 자주 마주칠 수도 있다. 2021년부터 CNN 로고가 박힌 옷도 팔리고 있기 때문이다. 이 역시 한국 패션 회사가 판다. 지금 패션 업계의 강자는 바로 'K-라이선시(계약한 상표권으로 제품을 생산·유통하는 업체)'다. 미국 케이블 뉴스 채널 CNN은 어쩌다 본토에서도 안하는 어패럴(패션) 제휴 사업을 한국에서 시작했을까? 그리고 이런 옷들을 과연 누가 사는 걸까?

CNN이 패션 회사라고?

CNN은 워너 브라더스, HBO 등과 함께 워너미디어 그룹이 소유한 미국 케이블 채널이다. 미국 애틀랜타에 본사를 두고 있는 CNN은 24시간 뉴스를 공급하는 전문 채널로 1980년 설립됐다. 전 세계 분쟁 지역과 전쟁터에서 전하는 생중계 뉴스라는 브랜드 이미지를 각인하며 현재도 국내 여러 언론사와 제휴 계약을 맺고 있다. "어디든 간다"는 취지의 "Go there"이 회사의 슬로건이다.

CNN과 라이선스 계약을 맺고 패션 브랜드를 창업한 회사는 2020년 설립된 기업 '스톤글로벌'이다. CNN 본사를 대상으로 수개월의 설득 끝에 6년간 라이선스 사용 계약에 성공했고, 2021년 6월 온라인에 처음 브랜드를 선보였다. 현재는 오프라인으로도 전국에 10개가 넘는 매장을 두고 있는데, 일상생활에서도 입을 수 있는 아웃도어가 주력 품목이다. 스톤글로벌 관계자는 "뉴스만이 아닌 CNN의 다큐, 음식, 테크를 다룬 오리지널 콘텐츠를 보고, 스토리를 입힐 수 있는 영역이 확장될 수 있다고 판단했다"고 말했다. 가령 2021 S/S 시즌 라인업 중 하나엔 CNN이 만드는 콘텐츠로 연결되는 QR코드가 삽입됐다. 멸종 위기에 대해 다룬 환경 콘텐츠나 '죽기 전에 가봐야 할 여행지' 등 전 세계 시청자들에게 잘 알려진 CNN 콘텐츠를 패션으로 확장하겠다는 것이다. 스톤글로벌은 콘텐츠에서 받은 영감을 디자인에 반영하고, 동시에 패션을 통해 해당 콘텐츠를 더 알리는 상호 작용이 곧 스토리텔링이라고 말한다.

패션 산업 이끄는 라이선시들

CNN이 라이선스 계약으로 패션 업계에 진출한 건 이번이 세계 최초다. CNN 관계자는 여러 차례 성공을 거둔 한국 라이선스 패션 산업의 가능성을 높게 평가해 이 같은 결정을 내렸다고 전했다. 앞서 말한 내셔널지오그래픽, 디스커버리와 같은 대중화된 패션 브랜드도 모두 해외 미디어 콘텐츠 기업의 라이선스를 국내 패션 기업이 사들인 경우다. 이 분야의 '갓생'으로 꼽히는 회사는 F&F다. F&F는 1997년 사실상 국내 최초로 비非 패션 분야 라이선스 브랜드인 'MLB'를 도입했다. 업계에 있는 이들은 F&F를 '라이선스 어패럴 분야의 삼성'이라 부른다. MLB의 성공 이후 미국의 자연 탐사 보도 채널 디스커버리의 라이언스로 시작한 어패럴 사업도 연타 성공하면서 2019년엔 중국에도 진출했다.

실제 코로나19 이후 전반적인 불황이 이어지고 있는 국내 패션 섬유 업계에서도 F&F를 필두로 하는 라이선시들의 선방은 눈에 띈다. 금융감독원 전자공시시스템에 따르면 한국거래소 및 코스닥에 상장한 패션업체 42곳의 실적 현황 중, 라이선스 패션 어패럴 회사들의 전년 대비 매출 증감률은 꾸준히 20퍼센트 이상의 실적을 보인다.

K-라이선스 패션 브랜드

브랜드명	내용	K-패션업체
디스커버리 익스페디션	미국 자연탐사보도 채널	F&F
MLB	미국 메이저리그 야구	
내셔널지오그래픽	자연 탐사 보도 미디어(채널, 잡지)	디네이처홀딩스
NFL	전미미식축구협회	
코닥	미국 필름 카메라 제조업체	하이라이트브랜즈
폴라로이드	미국 즉석 사진기 업체	
CNN	미국 뉴스 전문 채널	스톤글로벌
예일(YALE)	미국 동부 사립 대학교	위즈코퍼레이션
빌보드(Billboard)	미국 음악 잡지 차트 발표	바바패션그룹
팬암(출시예정)	미국 항공사	에스제이그룹

* SBS

언제 어디서나, 라이프 스타일 아웃도어

대부분 이름이 알려진 라이선스 어패럴 브랜드 품목들은 아
웃도어 패션으로 분류되고 있다. 디스커버리나 내셔널지오그
래픽처럼 모 브랜드가 자연, 환경, 탐사 등을 다루는 채널인
만큼, 상표 이미지의 일관성을 확보하기 위해서라는 까닭도
있지만 이는 주 소비자층의 생활 패턴을 고려한 전략적 선택

이기도 하다. 코로나19로 재택근무가 늘어나고 이른바 출근복의 개념이 바뀌면서 정장 수요가 부쩍 줄었다. 한국섬유산업연합회에 따르면 2011년 6조 8668억 원이던 국내 남성 정장 시장은 2020년 3조 6556억 원으로 대폭 축소됐다. 편하지만, 격식 떨어져 보이지 않는 옷. 그러면서도 어느 공간에서나 잘 어울리는 옷에 대한 수요가 이른바 라이프 스타일 아웃도어 시장의 확대를 견인했다는 평가를 받고 있다.

　　라이선스 어패럴 업계의 후발 주자들도 주저 없이 이 분야를 선택했다. 미국 필름 회사 코닥과 라이선스 계약을 체결하고 지난 2019년 코닥 어패럴을 세운 '하이라이트브랜즈'도 이 대열에 참여한 국내 회사다. 하이라이트브랜즈는 10~20대를 타깃으로 한 온라인 패션 플랫폼 '무신사'에서 맨투맨, 티셔츠 등 제품을 테스트 마켓 형태로 선보였는데, 짧은 시간 안에 컬렉션 전체가 완판되는 뜨거운 반응을 확인했다. 하이라이트브랜즈는 어패럴 론칭 뒤 2020년 매출액 170억 원을 기록했다. 관계자는 "10~20대 고객들을 중심으로 타깃을 잡은 건 화제성 때문"이라며 "원색의 브랜드 컬러를 활용한 제품들이 소위 '사진빨 잘 받는' 옷으로 SNS에 입소문이 퍼지면서 금세 유행을 탄 것으로 분석하고 있다"고 전했다. 판매처가 오프라인 매장으로 확대되면서 고객층의 저변도 점차 넓어지고 있다. 필름 카메라에 대한 애착과 추억이 있는 사람들, 소위 복고 열풍 속에서 오래된 것을 고집하겠다는 회사의 철학에 공감하는 사람들은 가슴팍에 코닥 로고가 큼지막하게 새겨진 옷을 구매하고 있다.

근본 없는 로고는 필패

취재에 응한 업계 관계자들이 하나같이 입을 모아 했던 말이 있다. 라이선스 사업의 성패는 브랜드에 대한 공부에 달렸다고 말이다. 사람들에게 많이 알려진 유명 브랜드의 로고 디자인만 상품에 붙여서 판매하는, 이른바 '근본 없는 로고 플레이'만으로는 소비자들을 사로잡을 수 없다고 강조했다. 그러다 보니 단지 보기 좋게 제품을 포장하는 데 그치지 않고 사온 라이선스의 이미지를 재해석하고, 또 적극적으로 새로운 이야기를 발굴하려는 이벤트들이 이어지고 있다. 가령 코닥 어패럴은 필름 제조사라는 정체성을 살리기 위해 독립 영화 제작자들을 발굴하는 단편 영화제를 개최한다. 이른바 '가치 소비'의 대상으로 합격점을 받기 위한 노력이랄까? 자신이 어떤 걸 소비하는지 명확하게 알고 있고, 또 어떤 가치를 자신의 정체성으로 흡수하려는지 잘 알고 있는 젊은 소비자들을 설득하기 위해서는 브랜드가 다년간 쌓아 올린 유산을 최소한 소비자들보다 정확하게, 그리고 일관되게 이해할 필요가 있다.

패션 컨설팅 업체 '피에프아이엔'의 유수진 대표는 "젊은 구매자들에게 패션은 이른바 자신의 가치나 지향을 보여주는 '굿즈'가 됐다"고 설명한다. "정체성을 강화할 수 있는 브랜드 스토리는 이들에게 제품을 구매하는 가장 중요한 이유가 되고 있다"고도 덧붙였다. 이 구매자들은 브랜드 충성도가 높은 대신, 자신이 기존에 생각한 철학에 부합하지 않는 디자인이나 상품이 출시되면 이를 시정하기 위해 적극적으로 항의하고 회사를 비판하기도 한다. 모기업과 라이선시가 함께 기존 브랜드에 새로운 가치를 덧입히고 발굴하는 공생 관계가 된다는 점도 패션업계에 진입하려는 이들에겐 매력적인 요소다. 효율이 좋기 때문이다. 큰 비용을 들이지 않고도 모기업의 유산과 역사를 활용할 수 있기에 브랜드 마케터들의 혜안이 가장 큰 무기가 된다. 신뢰를 바탕으로 하는 뉴스 미디어, 스포츠 경기와 같은 엔터테인먼트 사업, 필름 회사, 유명 사립 대학까지. 대중들에게 각인된 그 어떤 것이라도 패션이 될 수 있다는 것을 K-라이선스 업계와 K-가치 소비자가 몸소 증명하고 있다.

다이어리로 빌딩 세운 30대 창업가

 〈스프〉 제작에 참여하고 있는 SBS 'D콘텐츠기획부'에는 대학생 인턴이 네 명 있다. 맡은 일을 기대 이상으로 거뜬히 잘 해

내는 열정 인턴들에게 '모트모트'라는 이름을 꺼냈더니, '다꾸(다이어리 꾸미기)'에 별 관심이 없다는 한 명을 제외하곤 모두가 다 알고 있다고 말했다. 어느 늦가을 서울 중구에 있는 사무실에 찾아가 만난 김권봉 대표에게 이 얘기를 해줬더니 눈동자가 커지면서 "으악! 소름인데요?"라고 반응한다. 전해 주길 잘했다는 생각이 들었다.

모트모트의 김권봉 대표는 서울대 시각디자인과 07학번, 1988년생이다. 모트모트의 설립은 2018년이지만 김 대표의 창업 경험은 그전부터다. 김 대표는 전공을 살려 종이로 만들 수 있는 걸 찾았다. 그러다 보니 처음엔 문제집을 만들까 싶기도 했다. 학생들이 쓸 만한 것들을 더 고민하다 나온 제품이 플래너였다. 플래너 제품을 디자인하고, 인쇄하고, 만들어 팔았다. 만드는 족족 다 팔리는 완판을 몇 번 경험하고 나니 어느덧 7년 차 대표가 됐다. 모트모트는 외부 투자 없이 100억대 매출을 목전에 두고 있다.

투자 없이 100억대 매출

모트모트의 주요 소비자는 10대 청소년이다. 코로나19로 인해 비상 상황이었던 지난 2~3년간 김 대표는 정신없는 하루를 보냈다. 학생들이 학교에 가는지, 단축 수업을 하는지······ 매번 바뀌는 복잡한 학사 일정으로 인해 갈팡질팡한 일상을 보냈다. 등교 정상화가 안정기에 접어들자 다시 상품 전략을 개발하기 위한, 숨 고를 시간이 생겼다. 효자 품목인 '텐미닛 플래너'가 꾸준히 사랑을 받는 동안 시장도 모트모트를 주목했지만, 창업 이래 지금까지 변하지 않은 것이 있다. 바로 투자를 전혀 받지 않았다는 사실이다. 사업을 하면서 투자를 받지 않으면 '바보' 취급을 하던 풍조에 대한 반발심이 컸다고 한다.

"모트모트는 서류상 엮인 제 네 번째 사업체입니다. 다른 사업들을 하면서 느낀 것이 지원이나 투자금을 받기 위해 상품 그 자체에 대해 고민하는 시간보다 사업 계획서를 쓰는 데 드는 시간이 훨씬 더 많다는 점이었습니다. 모트모트를 하면서는 일회성으로 끝날 투자나 지원보다는 지속 가능한 매출을 일으킬 수 있는 영역에 더 집중하자는 생각을 하게 됐습니다."

그렇게 사업을 이어온 지 7년. 직원 수는 여섯 명에서 23명으로 불었고, 매출만으로 핫 플레이스인 성수동에 건물을 세웠다. 매출액이 100억 원대엔 아직 미치지 못하지만, 불확실성이 걷힌 지금부터는 목전에 둔 목표가 됐다. 그사이 투자관도 바뀌었다. 이제 김 대표에게 투자는 '충분히 잘 이용할 수 있는 수단'이다.

인스타용 종이 찾기 여정

투자 유치로부터 과감히 눈을 돌려 가장 신경을 쓴 부분은 종이의 질이었다.

> "맥주를 만들 때 물이 중요한 것처럼 결국 플래너 상품도 종이가 중요해요. 그런데 상대적으로 시중에선 너무 저급한 종이를 많이들 쓴다는 생각이 들었습니다. 그래서 비용을 많이 높이지 않고 질 좋은 종이를 찾는 데 품을 많이 들였습니다."

국내며 해외며 가리지 않고 시장 조사에 나섰고, 원재료 함량과 중량을 높인 종이 개발에 공을 들였다. 문구의 특성상 직접 써 본 사람의 만족스러운 경험이 재구매율을 높이는 중요 요소였다. 사업이 본격 확장할 무렵, 제작해 내놓는 제품마다 족족 판매되는 매출 통계를 보고 오프라인 자영업자들이 의아해했다. 화려한 일러스트로 눈길을 끄는 표지나 디자인도 아닌데 학생들의 입소문을 타고 제품은 부리나케 팔려나갔다. 김 대표는 그때마다 '사장님들이 직접 써보셔야 안다'는 말을 해왔다. 종이 중량을 높이는 결정 배경엔 또 다른 전략도 있었다.

> "원래는 우리 학교, 같은 반 친구, 내가 다니는 학원, 이렇게밖

에 공부를 공유할 만한 또는 비교 경쟁을 할 만한 사람들이 없는 느낌이었다면, 요즘엔 일면식도 없는 사람들과 얘기하면서 함께 뭔가를 하는 문화가 익숙한 상황인 것 같아요. 그러니까 당연히 공부할 때도 내가 얼마나 했다, 이런 걸 남한테 보여 주는 것에 스스럼이 없고 또 그걸로 본인 통제를 한다든가 하는 행동도 자연스럽게 일어나는 것 같습니다. 그래서 불특정 다수와 공유하기에 더 좋은 제품을 만들려고 했습니다. 사실 그냥 줄 노트로 돼있는 건 나한테는 그냥 쓰고 나면 끝나지만 다른 사람들에게는 흥밋거리가 전혀 되지 않죠. 2~3시간은 잘 가늠이 안 되거든요. 그래서 '텐미닛 플래너'엔 그 시간을 형광펜으로 마킹하게 하는 레이아웃을 만들었어요. 시각적으로 딱 드러나는 거죠. 내가 얼마나 쉬었구나, 얼마나 구멍난 시간들이 있었구나. 이게 SNS에 공유가 되었을 때 스쳐 지나가면서도 이 사람이 어느 정도 공부를 했는지를 알 수가 있으니까. 자연스럽게 흥미를 가질 수 있게 되죠."

공부 시간을 쉽게 전시할 수 있는, 다시 말해 여러 색깔의 펜으로 색칠하며 꾸며도 버틸 수 있는 재질의 종이가 필요했다. 중량과 펄프 함량은 이른바 다꾸한 페이지의 사진을 찍을 때 앞면과 뒷면이 비치지 않는 정도의 수준으로 조정했다.

"예를 들면 공부 시간도 마찬가지인데, 사람마다 절대 시간에 대한 가치는 다를 수 있지만, 불특정 다수에겐 어떤 수치로 인식될 수 있기 때문에 저희 양식엔 꼭 공부한 총 시간을 적을 수 있게 칸이 마련돼 있습니다. 이런 것도 결국 SNS 활동을 하는 데 좀 더 적합한 양식인 거죠."

텝스, 토익 보는 대표

주로 20~30대 초반의 젊은 직원들로 꾸려진 사무실엔 노동요로 추정되는 음악이 bgm으로 흘러나오고 있었다. 웹페이지를 운영하는 개발자, 디자인을 책임지는 디자이너를 포함한 6~8명 정도의 직원들은 '콘텐츠 기획'을 담당하고 있다. 이들은 '공부할 때 듣기 좋은 음악' 플레이리스트를 만들고 때로는 집중력을 높일 수 있는 백색 소음이나 ASMR을 직접 녹음한다. 구매자의 생활 양식과 패턴을 알아보기 위한 시장 조사에는 대표가 직접 뛰어들기도 한다. 지금 현재, 공부하는 이들의 취향과 정보를 얻는 과정을 체험하기 위해서 김 대표는 주기적으로 텝스나 토익 같은 영어 시험을 치르곤 한다고 전했다.

"나이가 들다 보니 감을 잃기 마련인데 공부를 하다 보면 요즘엔 자료를 어떻게 수집하는지도 알게 되는 것 같아요. 시험장도 대부분 중학교, 고등학교잖아요. 시험을 보면 학생들이 많은 시간을 보내는 장소도 체험할 수 있고, 또 칠판 앞뒤로 붙은 가정 통신문도 볼 수 있고요. 사용자 니즈를 파악하기 위한 조사에 많이 할애하고 있습니다."

발로 뛰는 노력에 감응해서일까. 모트모트의 공식 인스타 계정 팔로워 수는 17만 명에 이른다. 이곳엔 모트모트 플래너를 활용한 갖가지 사례들이 샘플 케이스로 제시되는가 하면, 각종 공부법이나 입시 정보도 올라온다. 제조업의 한계를 뛰어넘어 업종을 넘나드는 '소프트웨어'적 마케팅으로 팬덤도 구축됐다.

"인터뷰 준비를 하며 책상을 정리하다 보니 그간 고객들이 '고맙다'며 보낸 편지가 가득 쌓여 있었어요. 이게 사업이기도 하지만 저희에겐 업이기도 하잖아요. 저희가 만든 제품이 '계획을 세우고 또 그걸 지키려는' 용도로 구매한 소비자들에게 제대로 활용되고 또 그로 인해 좋은 결과를 얻었다고 피드백까지 보내 주시는 경우는 정말 보람이 크죠."

태블릿 시대의 종이
이른바 태블릿 시대가 도래해도 공부는 종이로 하기 마련이라는 것이 김권봉 대표의 지론이다.

"디지털 디바이스가 아무리 발달했다 해도 공부에 필요한 멀티 디바이스로 완벽히 종이를 대체하긴 쉽지 않아요. 노트가 없어진다, 종이 디바이스가 사라질 것이다……. 이런 얘기는 제가 창업하기 전인 7년 전부터 나왔던 얘기지만, 그때도 그렇고 지금도 그렇고 학생들은 종이로 된 문제집, 종이로 된 노트를 펴들고 종이로 된 플래너를 체크하며 공부를 하고 있습니다."

인터뷰 말미에 어쩌면 처음에 했어야 할 질문을 던졌다.

"사명 모트모트(mote-mote)는 작고 사소한 것이라는 의미를 가진 단어 모트(mote)의 반복입니다. 어떤 일이든 사소하고 작은 것의 반복이 모여 성취를 가져온다는 의미가 제품을 사용하는 고객들에게 전달되길 바랐습니다."

자취방에서 후배와 한 땀 한 땀 제작해 한 부씩 팔았던 플래너가 10대 다꾸 열풍의 견인차가 되기까지. '써 본 사람은 무조건 느끼는 차이'라는, 문구 특유의 사소하지만 치밀한 물성의 진정성이 이룬 성취가 아닐까.

실리콘밸리에서 맨땅 헤딩하기

경제 상황이 위축되는 시기엔 투자사들도 지갑을 닫는다. 소비 매출 증대로 투자 성공을 보장받기가 어려우니 말이다. 국내외 스타 유튜버 시장 확대와 더불어 가파르게 성장한 스타트업 '샌드박스'도 투자 어려움을 호소하고 있다. 도티, 곽튜브 같은 유명 유튜버들이 소속된 업계 1등인데, 일부 구조 조정도 감행했을 정도로 상황이 썩 좋은 편이 아니다. 불과 몇 년 사이에, 뜨겁게 불었던 퇴사 열풍과 '경제적 자유'라는 트렌드도 살짝 움츠러들었다. 자산 시장이 얼어붙으면서 '역시 근로 소득이 제일'이라는 말이 다시 떠오르는 시절로 돌아왔다. 업계 선두를 달리던 스타트업들이 줄줄이 매각 시장에 나왔고 창업 열기를 주도하던 미국 IT 기업들은 대규모 감원에 나섰다. 이 어려운 상황에서 여전히 '혁신'과 '기업가 정신', 그리고 '스타트업'이 시대정신이라 외치며 글로벌 시장으로 본격 확장에 시동을 걸고 있는 스타트업이 있다. 국내외 스타트업 생태계와 창업가들의 이야기를 다루는 콘텐츠 기업 'EO 스튜디오'다.

스타트업은 시대정신이다

창업에 관심 있는 사람들이면 필수 시청한다는 이 유튜브 채널의 이름 'EO'는 창업자 김태용 대표의 이름 초성 'ㅌㅇ'에서 따왔다. 기업가 정신Entrepreneurship과 기회Opportunity라는 의미도 담았다고 한다. 오리지널 채널 'EO 이오'의 구독자 수는 2023년 7월 기준 54만 명, 2022년 9월 론칭한 글로벌 채널의 구독자 수는 약 11만 명 정도다. 실리콘밸리에 진출해 좋은 성적을 내는 한인 창업가 인터뷰를 비롯해 자신의 일에 진심인 직장인들, 투자를 받기 위한 스타트업들의 무삭제 IR 피칭 영상, 스타트업 서바이벌 오디션 같은 웹 예능까지. EO는 혁신과 일에 관한 다양한 종류의 콘텐츠들을 기획 제작해 왔다. 덕분에 EO는 창업을 앞두고 있거나, 혹은 창업 초기에 고민하는 이들의 '필수 코스'로 입소문이 났다. 이 채널의 비결은 무엇일까?

"처음엔 1인 미디어였습니다. 애초에 콘텐츠 사업을 하려 했던 것도 아닙니다. 학부생 시절부터 여러 방면에 관심을 두고 제조 등 커머스, 커뮤니티 사업 등을 연이어 창업한 끝에 '어쩌다' 보니 여기까지 흘러 왔습니다."

1인 콘텐츠 크리에이터로 시작해 직원 수 21명의 법인을 세우기까지. 1990년생 대표는 어떤 '혁신론'을 가지고 있는지 궁금했다. 폭설이 내린 날, 서울 강남구에 있는 EO 스튜디오에서 김태용 대표를 만났다.

경제 관련 유튜버들 참 장사 안 되는 시절이다. 스타트
업에 특화된 콘텐츠인데 요즘 같은 경기 불황기에 살림
살이가 어떤가?

비즈니스 문의가 줄어든 건 사실이지만 놀랍게도 트래픽은
하나도 줄지 않았다. 사실 늘 놀랍게 생각하는 것이 있다. 대
개 30세쯤 되면 경제 활동을 하고 주식 투자나 재테크에 뛰어
든다. 이 수요가 적용된 콘텐츠 구독자 수가 대략 250만 명 정
도라고 본다. 그런데 우리는 이런 재테크 영역이 아니라 스타
트업에 특화한 콘텐츠인데 49만 명씩 구독자가 모이는 걸 전
혀 예상할 수 없었다. 주식 재테크에 대한 관심에 비하면 30
분의 1도 되지 않을 거라 생각했는데, 그 예상치를 뛰어넘은
거다. 그만큼 젊은 사람들이 자신의 일을 주도적으로 하고, 커
리어 발전을 위해 주도적으로 일을 만들고 싶은 게 아닐까.

어려운 상황에서도 EO는 최근 투자 유치에 성공했다.
투자 성과는 어땠나?

류중희 대표와 신재식 대표, 그리고 데이터를 기반으로 인플
루언서 마케팅을 진행하는 '데이터블'이라는 회사에서 시드
머니 3억 원을 받아 사업을 시작했다. 구조 조정을 단행하는

회사도 늘고, 몇 가지 계약이 어그러지면서 힘들 때가 있긴 했지만 글로벌 시장으로 성장의 방향을 틀었던 게 주효했다. 글로벌 채널에도 스타트업 CEO들을 만나 대표한 콘텐츠 등이 올라가고 있는데, 거의 하루에 1000명씩 구독자가 늘고 있다. 한국에만 있었으면 그렇게 매력적이지 않을 수도 있지만 글로벌 시장에서 성장 가능성을 보여 주면서 프리 시리즈A 수준의 20억 규모 투자를 유치할 수 있었다.

> 1인 미디어로 시작해서 이만큼 성장했다. 여러 차례의 창업을 거듭했다고 들었다.

대학교 학부생 때 처음 창업했다. '예술가들 돕는 일 하고 싶다'는 생각으로 시작한 게 '좋아요' 많이 받은 제품 만들어 파는 사업이었다. 처음엔 IT 서비스를 만들려고 했는데 어쩌다 보니 플랫폼은 잘 안되고 브랜드 제조업이 됐다. 그 이후에도 IT 서비스로 돌아가려고 소상공인들 가게에서 쓸 수 있는 쿠폰을 발행해 대학생들에게 파는 사업을 했다. 그런데 이것도 이상하게 비즈니스는 잘 안 되고 대학생들 모여 노는 커뮤니티만 잘 됐다. 커뮤니티를 운영하려다 보니 콘텐츠가 필요하게 됐고, 그렇게 자연스럽게 콘텐츠 사업을 하게 됐다.

습관이 된 도전

김태용 대표가 본격적으로 알려지기 시작한 건 홀로 실리콘 밸리로 훌쩍 떠나 외지에서 고군분투 중인 한인들을 인터뷰한 콘텐츠들을 업로드하면서부터다. 연고도 없는 지역에 무작정 찾아가 '20대 청년이 홀로 사업가들을 만나 인터뷰하는 프로젝트를 하려고 하니 도와주면 좋겠다'는 글을 한인 커뮤니티에 뻔뻔하게 올린 게 시작이었다. 생각 외로 맨땅 헤딩이 효과가 있었다. 42일 동안 40명의 창업자, 엔지니어, 디자이너, 마케터 등을 만나고 그중 스토리가 있는 16명을 영상에 담았다. 이를 다듬어 만든 〈리얼밸리〉라는 콘텐츠 시리즈를 2017년 태용 유튜브, 페이스북 계정에 올렸다. 두 달 만에 400만이 넘는 조회 수를 기록했다.

맨땅 헤딩을 즐기는 편인가?

창업한 분들은 아마 공감할 텐데, 사업을 하다 보면 좋은 점이 있다. 도전하는 게 습관이 돼서 뭔가 새로운 걸 할 때 딱히 큰 용기가 필요 없도록 단련이 된다. 두렵고 막연하고 이런 감정은 창업 초기 때야 있었지만 처음의 장벽을 넘고 나면 뭔가를 시도할 때 두려움이 꽤 사라진다.

시청자, 타깃 오디언스target audience가 가장 중요하다. 우리 채널
은 이 사람들의 니즈에 콘텐츠를 맞추려고 매우 노력한다. 규
모가 커지더라도 매스 미디어가 되겠다는 목표를 가지지 않
았던 게 주효했다고 생각한다. 기업가 정신을 갖고 스타트업
에 참여하거나, 혹은 스스로 기업가가 되고 싶은 사람들이 맞
닥뜨릴 수 있는 장벽을 없애주는 것. 그 목표에만 충실했다.
특히 영상 초반부에 이 타깃 오디언스들이 왜 영상을 믿고 봐
야 하는지, 생전 처음 보는 스타트업인데 왜 관심을 가져야 하
는지 빠르게 제시하려 했고 그밖에 군더더기를 없앴다. PD를
채용할 때도 깔끔한 스토리텔링이 가능한지 여부를 굉장히
많이 본다. 어느 지역에서 우리 콘텐츠를 주로 보는지 데이터
를 살펴보는데 딱 강남 테헤란로, 성남 이렇게 두 지역이 많이
찍힌다. 구독자 전략이 맞은 것이다.

1인 콘텐츠 크리에이터로 살아남는 것도 꽤 치열한 일

이다. 스스로를 다잡기 위해 세운 원칙이 있었나?

사실 채널이 뜨면서 나 개인에게 이목이 쏠릴 때 좀 혼란이 오긴 했다. 시청자들이 나라는 개인에 관심과 기대를 키우고, 실리콘밸리 왔다 갔다 하니까 꼭 유학파라고 생각을 했다. 어떤 분은 인터뷰하다가 갑자기 영어로 말을 걸거나 내가 모두 알 거라 생각하고 어려운 이야기를 던지는 경우도 있었다. 블록체인 같은 개념이 대표적인 예다. 그래서 콘텐츠 만들 시간에 조금이라도 더 공부하고, 머리에 지식을 채워 수준을 맞춰야 하는 것 아닌가 하는 고민을 했다. 조금 방황했다. 그렇게 몇 달 동안 힘들다가 결국 사람이 다 모자란 부분이 있고, 나는 내가 잘 하는 것만 잘하면 된다는 결론에 이르면서 약간은 편안해졌다.

그렇게 찾은 자신만의 강점과 무기는 뭔가?

실행력이다. 5분 전에 생각하면, 또는 몇 초 전에 생각한 것도 해야겠다고 하면 바로 행동을 할 정도로 실행력이 빠른 건 강점이다. 그리고 꿈이 크고 장기적으로 계획을 세운다. 성과는 반드시 결과로 보여 주려고 한다는 것도 장점이라고 생각한다. 단기간에 주가를 얼마나 빠르게 올려서 비싸게 팔아 엑시트exit하자는 식의 목표보다는 어떤 분야에서 세계 최고를 만들겠다는 원대한 목표 아래 장기적인 계획을 세우는 게 성취에 도움이 된다는 건 수백 명, 수천 명 넘는 기업가를 만나면서 느낀 바다.

문제는 시장만이 해결할 수 있을까

EO의 주 수익원은 기업으로부터 광고 수익을 받고 제작하는 브랜디드branded 콘텐츠와 함께 기업과 대학, 공공 기관 등에 판매하는 교육 콘텐츠다. 기업가를 두 시간 정도 인터뷰한 내용을 재가공해 커리큘럼으로 만들고, 또 실제 '창업 계획서 쓰기' 같은 대학 강좌의 교재로 만들어 팔기도 한다. 이외에도 스타트업 투자 유치 행사를 기획하는 등의 이벤트도 수익 사업으로 진행하고 있다.

'혁신'과 '스타트업'은 시장성을 고려한 콘텐츠 키워드인가?

개인적으로도 '스타트업 하는 사람들 멋지다'라는 생각이 컸다. 채널 운영하면서 꼭 어떤 목적을 가지고 성공시켜야지, 얼마나 돈을 벌어야지 이런 생각보다는 '꾸준히 만들어 보자'라는 가벼운 생각으로 제작했다. 채널로 돈을 벌지 못할 땐 한 1

년 정도 친구 회사에 마케팅 팀장 같은 직책으로 들어가서 주 3회 정도 일하고 월급을 받기도 했다. 지속할 수 있던 원동력이 바로 구독자였다. 채널을 열었을 때 구독자가 3000명 정도였는데, 이때부터 봐주시던 분들이 내가 만나서 뭔가 배우고 싶은 창업가이자 '진성 구독자'였다. 그래서 실제 초기부터 구독하고 계신 분들이 출연도 많이 해주면서 채널을 같이 키웠다. 콘텐츠 제작 자체가 사업을 키우는 좋은 수업이었다고 생각한다.

침체된 경기 상황에서 '스타트업'의 시장 가치는 어느 정도나 된다고 생각하나?

산업적으로는 잠깐 침체기일 수 있지만 스타트업은 시대적 무브먼트movement라 생각한다. 예전만 해도 10~20대 분들이 '스타트업 같은 데 왜 가'라는 생각을 했는데 최근 통계를 보니 구직자 열 명 중 일곱 명이 스타트업에 가고 싶다고 응답했더라. 예전엔 뭔가를 창조하려면 큰 공장을 지어야 하는 시대였다면 지금은 본인이 해결하고 싶은 문제를 소수 집단에서도 해결하면서 크게 성장할 수 있는 시대라고 생각한다. 이건 돌이킬 수 없다. 경기 침체랑 상관없는 흐름이다. 스타트업이 언젠가 주류 문화가 되었을 때 지속적으로 신뢰를 갖고 들여다볼 수 있는, 글로벌한 '스타트업 시대의 블룸버그'가 되는 게 EO의 목표다.

'될 만한' 혁신 기업과 '진짜 인사이트'를 가진 창업가를 골라내 콘텐츠를 만드는 사업이다 보니 안목도 중요할 것 같다. 자기 PR 과잉 시대라 할 만한데, '진짜'를 찾는 기준이 뭔가?

진짜와 가짜를 확언할 수 없는 동적인 시대에 살고 있다고 본다. 지금은 혁신 같아도 몇 차례 연속해 의사 결정을 실수하면 한순간에 나락으로 갈 수도 있다. 우리는 기본적으로는 회사의 재무 상태를 확인하고 문제가 없는지 등을 투자사 등과 크로스 체크한다. 그 이후에는 두 가지 기준에 부합하는지 본다. 먼저 이 회사가 많은 사람들이 공감할 수 있는 '의미 있는 문제'를 풀고 있는지, 그리고 푸는 과정을 말로만 하는 것이 아니라 '실제로 해결, 진보하고 있는지'다.

1000명에 가까운 기업가들을 만나는 일 그리고 그들의 이야기를 듣는 일이 그 자체로 '사업 어드바이스'였을 것 같다. 이를 토대로 창업에 관심을 두고 있는 사람들

혁신형 창업은 리스크가 높고 장기적 목표를 수행해야 하기 때문에 실패가 많이 수반될 수밖에 없다. 가장 버려야 할 건 조급한 마음이다. 부자들 중에서도, 어중간한 부자가 아니라 수천 억 원에서 조 단위의 돈을 만지는 사업가들은 '돈은 정말 따라오는 것'이라 말한다. 이 말을 거듭 반복해 들으면서 그 의미를 체화했다. 실제 창업에 성공하려면 세 가지가 무척 중요하다. 첫째, 사업하려는 아이템이 정말 내 인생에서 5년에서 10년 정도 이상의 시간을 들여 해결하고 싶은 문제인가 생각해 봐야 한다. 창업하려는 이유가 가장 중요하다. 둘째, 이 문제를 해결하는 데 있어 '시장'이 최선인가를 고려해야 한다. 세상에 해결해야 할 문제들이 많지만, 이걸 공공 기관이나 정치가 아니라 꼭 영리로, 시장으로 해결해야 하는 이유가 필요하다. 이 문제를 과연 기업의 형태로 해결하는 것이 최선인지 고민해야 한다. 그리고 셋째, 이 문제의식과 해결 방식에 공감하는 사람이 중요하다. 흔히 스타트업이 망하는 이유가 셋째 이유 때문이다. 당장 개발자가 필요하다, 당장 디자이너가 필요하다 해서 뜻에 맞지 않는데 아무나 구해 일하다 보면 문제가 터지게 돼있다.

압구정동에 위치한 건물 2층과 4층을 임대해 사용하고 있는 EO 사무실의 한 회의실 유리창엔 이 글귀가 가득 붙어 있다.

"It's better to be a pirate than join the navy(해군에 입대하는 것보단 해적이 되는 것이 좋다)."

자신의 강점으로 실행력이 좋고 꿈이 원대하다는 점을 꼽는 김태용 대표에게 EO의 향후 비전에 대해 물었다.

"2023년엔 우리가 세계에서 제일 유명한 스타트업 미디어가 되는 게 목표다. 혁신가들은 미국, 인도, 인도네시아, 베트남, 싱가포르 등 세계 전역에 있으니까. 이 사람들 상당수가 아는 미디어 브랜드가 될 생각이다. 전 세계적으로도 스탠퍼드대학교, 하버드대학교, UC버클리, 서울대학교, 카이스트⋯⋯ 이 정도 학교에서나 제공됐던 창업 교육을 전문적으로 하는 플랫폼으로 성장하고 싶다. 또 스타트업 관련 다큐멘터리와 웹 예능을 만드는 콘텐츠 회사로도 나아가고 싶다."

전날 밤에도 드라마 〈재벌집 막내아들〉을 연속해 보는 바람에 새벽 3시에나 잠들었다는 김 대표에게 성취하고 싶은 개인적 목표도 함께 물었다. '세계 최고' 얘기를 하던 김 대표는 문득 머리를 긁적이며 '아마추어 자전거 대회' 완주를 하고 싶다고 대답했다.

> "같이 스타트업 하는 대표 친구들이랑 자전거 동아리를 만들었어요. 설악산, 지리산 이런 대회 나가서 좋은 자연도 보고, 막걸리도 먹고 그러고 싶네요."

구글 맵이 바꿔버린 한 남자의 인생

당신에게 '서울'은 어떤 모습인가? 서울에서 산 지 10년이 훌쩍 넘어가는 나조차도 SBS 방송국이 있는 양천구 목동이 주생활 반경이다 보니 성북동, 제기동 근방은 갈 일이 없다. 조금 생소한 이런 지역들에 대해 생각할 때는 어김없이 지하철노선도 이미지를 떠올리게 된다. 정확하지 않더라도 얼추 4호선과 6호선 노선도를 떠올려 보고, 해당 노선을 따라 지도 동북쪽 한 귀퉁이에 위치한 공간 정도로 인식하는 것이다. 잘 경험하지 않거나 아예 가보지 않은 지역에 대한 공간 감각은 이렇게 지도의 형태로 우리 기억 속에 자리 잡게 되는 경우가많다. 반면 공간에 대한 인식에는 굉장히 주관적인 경험도 작용한다. 얼마 전, 트위터에 인천에 대한 재미있는 농담이 올라온 적이 있다. 인천은 강남이든, 수원이든, 부산이든, 제주도

이든 심지어 인천에서 인천으로 이동하더라도 1시간 30분이 걸린다는 내용이다. 비슷한 상황을 경험한 다른 사용자들의 폭발적인 호응을 얻으면서 해당 글은 다른 웹 커뮤니티로 퍼날라졌다. 공간에 대한 기억은 이렇듯 동서남북 사방 어디에 붙어 있냐가 아니라 어디서 얼마나 걸리는 곳인지, 직접 겪은 경험으로 구성되기도 한다.

신인류의 공간 감각

'지오게서GeoGuessr'라는 게임이 있다. 이름에서도 짐작할 수 있듯, 지리geography에 대해 추정guess하는 게임이라고 할 수 있겠다. 지오게서는 2013년 스웨덴의 한 게임 스타트업에서 개발한 게임으로, 구글 맵을 활용해 거리뷰를 띄운 다음 해당 장소가 어딘지 지도에서 마킹을 하도록 하는 게임이다. 최대한 정확하게 그리고 빠르게 위치를 맞추는 플레이어가 더 많은 점수를 얻을 수 있다. 제한된 횟수만큼은 무료로 게임을 할 수 있고, 더 하고 싶을 땐 구독료를 내면 된다. 게임 회사는 구글에 지도 서비스 사용료를 낸다.

국내에서도 이 게임을 하는 사람들이 더러 있긴 하지만 그렇게 대중화된 게임은 아니다. 사진을 보고 위치를 맞추는 게임이다 보니 사실 학습 게임 성격이 강하다. 미국에서도 마찬가지다. 모범생들이나 하는 게임이라는 인상이 박혀 있었

지오게서 게임 화면 ⓒSBS

는데, 이 게임에 특별한 재능을 보유한 한 능력자가 나타나 순식간에 전 세계적 인지도를 얻게 된다. 올해로 24살 미국 국적의 트레버 레인볼트Trevor Rainbolt는 스냅챗에 온라인 스포츠 콘텐츠를 잘라서 공급하던 디지털 PD였다. 보통 주중에는 근무 후 5시간, 주말에는 하루 8~10시간씩 지오게서를 고강도로 훈련했다. 덕분에 거리뷰만 봐도 불과 1~2초 만에 지역을 알아맞히는 지오게서의 최강자가 됐다. 그는 직업적 재능을 살려 자신의 플레이를 틱톡, 인스타 쇼츠로 편집해 올렸고, 그 결과 대중들의 관심을 얻으면서 이젠 100만 명 이상의 팔로워를 보유한 전업 인플루언서로 활동하고 있다. 맞다. 성공한 덕후다. 게임 덕후.

디지털 콘텐츠 PD가 어쩌다?

허허벌판을 보고도 흙 알갱이의 모양, 풀이 누워 있는 모습, 도로의 표지판 등 디테일한 요소들을 빠르게 확인하고 어딘지 맞혀버리는 영상을 보다 보면, 현대판 셜록 홈스가 따로 없다는 생각이 든다. 24년 만에 방구석을 탈출해 첫 해외여행에 나섰다는 트레버 레인볼트를 화상으로 인터뷰했다.

78만 명이 넘는 팔로워를 보유한 그의 인스타그램 계정엔 106개 국가의 각종 거리 사진을 보면서 습득한 지역의 특징들이 스토리로 정리돼 있다. 캘리포니아만 유일하게 미국에서 전봇대에 노란 색깔 세 줄을 그어 놓는다거나, 하늘색 페인트가 칠해진 수전은 크로아티아에서만 발견된다는 점, 핑크색 택시는 멕시코시티에만 있다는 점, 노란색 가드레일은 일본 야마구치현에만 있다는 등의 생생한 체험 정보들을 '꿀팁'으로 제공한다. 고등학교 지리 수업 시간에는 늘 맨 뒷자리에서 지오게서 게임만 하고 있었다고 하는데, 지금은 세계 각지에 대해 놀라울 정도의 직관적 이해력을 갖추게 됐다.

"게임을 많이 하다 보면 두뇌가 정보를 습득하는 속도가 빨라집니다. 그리고 파악하는 속도도 빨라지고요. '어떻게 이걸 보고 나이지리아인 걸 맞힐 수가 있어?'라고 물어보는데 저는 그때마다 그냥 나이지리아처럼 생겨서 그렇다고 답할 수밖에 없어요."

'신종 지리 천재'가 한국에 대해선 얼마나 알고 있는지도 물어 봤다. 게임의 범위에 포함된 국가들은 구글 로드뷰가 생산되는 나라인데, 점수를 매기는 방식의 특성상 땅덩어리가 큰 나라일수록 더 자세히 지역별로 들여다볼 유인이 커진다고 한다. 다시 말해 대한민국 내부를 속속들이 지역별로 다 파악하고 있지는 못하다는 얘기였다. 그럼에도 '한국임'을 확인할 수 있는 특징은 뚜렷하다고 말했다. 한국어, 녹색 거리 표지판, 그리고 노란색과 검은색 줄이 그어진 전봇대가 특징적이라고 한다. 국내 지형 중엔 현무암을 꼽았고, 현무암으로 지은 돌담이 인상적인 제주도를 언급하기도 했다.

트레버 레인볼트 역시 종이 지도보다 구글 맵이 훨씬 더 익숙한 Z세대기도 하다.

"언론이나 책에 기록된 각국에 대한 설명보다 직접 그곳을 경험할 수 있게 하는 도구들이 세계를 제 방식대로 소화하는 데 큰 도움을 주고 있는 것 같아요. 사진들을 보며 감명을 받을 때가 많은데, 가령 라오스라는 나라에 그렇게 아름다운 언덕들이 많을 줄은 몰랐어요. 제 콘텐츠를 보면서도 감명을 받는 분들이 있으면 좋겠네요."

구글 맵으로만 보던 세계를 제대로 보고 싶다는 생각이 들어 해외 여러 나라에서 한 달 살기를 시작한 트레버는 뜻하지 않게 각종 사회 공헌 활동까지 하고 있다. 해외 입양 아동이 과거의 원래 가족과 함께 찍은 사진의 장소를 물어보거나, 수십 년을 함께 산 부부가 오래전 즉석으로 프러포즈를 한 장소를 물어보는 등의 요청이 빗발치는데, 그는 사진이나 영상 속 위치를 단번에 파악해 내는 자질을 발휘하며 각종 의문을 훌륭하게 해결하고 있다.

종이 지도에서 3D 지도까지

차량 뒷좌석에 늘 꽂힌 '대한민국 전도'를 보던 종이 지도 시절을 지나, 이제 초행길이라도 각종 맵 서비스와 내비게이션만 있다면 어디든 갈 수 있는 시대가 됐다. 구글 맵 덕에 트레버 레인볼트가 인생을 바꾸었다면, 어떤 지도를 쓰느냐는 심지어 우리 두뇌 구조도 바꿔버릴 수 있다. 20년이 다 돼가는 연구다. 영국 런던의 택시 기사는 8000시간의 절대 연습 시간과 함께 혹독한 테스트를 거쳐 면허를 획득하게 돼 있다. 약 2만 5000개의 거리와 2만 개의 건물 위치를 모두 외워야만 택시 기사가 될 수 있다. 지난 2006년 런던대학교 연구진들이 이 택시 기사들과 정해진 노선만 다니면 되는 버스 기사들의 두뇌를 MRI 영상을 찍어 확인해 봤다. 인간의 두뇌에서 공간 기억을 담당하는 '후위해마'가 버스 기사에 비해 택시 기사가 훨씬 더 발달한 것으로 나타났다. 다시 말해, 내비게이션이나 GPS에 의존하는 운전자의 해마 크기는 스스로 위치를 생각해 내는 운전자와 비교해 점점 축소될 수밖에 없다는 것이다.

아마도 대부분의 한국인들이 쓰는 모바일 맵은 네이버 또는 카카오, SKT가 제공하는 맵 서비스일 것이다. 모두 국토지리정보원이 만드는 '국가기본도'에 바탕을 두고 있다. 정부는 매해 꽤 큰 예산을 편성해 이 국가기본도를 수시로 업데이트한다. 2021년엔 우리나라 최초로 국토 촬영을 주 기능으로 하는 국토위성 1호를 발사하기도 했다. 이 위성은 특히 자율주행차나 스마트 시티 같이 '공간의 디지털화'가 필요한 분야에서 쓰인다. 국토 정보에 대한 권한은 모두 국가에 귀속돼 있다. 마치 영토에 대한 주권이 국가에 있듯 말이다. 국토지리정보원은 항공 및 위성 사진은 물론, 현재는 국토 지형지물의 높이까지 계측하는 등, 공간의 3D 정보 수집 작업을 이어 가고 있다. 다만 국내 기업들이 가지고 있는 각종 데이터를 구글은 가지고 있지 않다. 지난 2016년 정부는 국토 정보의 해외 기업 반출을 둘러싸고 고심 끝에 반출 금지 결정을 내렸다. 정부는 구글에게 군사나 핵심 보안 정보를 가리라고 요청했으나, 구글은 해당 요청을 받아들이지 않았고, 독도 지명과 세금 관련 문제도 영향을 줬다. 대한민국에서 구글 내비게이션이 작동하지 않는 이유다.

당신의 지도가 당신의 세계라면

모바일 속으로 들어온 지도는 현대인의 삶을 지도 위의 삶으로 응축하는 효과를 가져다 줬다. 실제로 내가 돌아다닌 동선과 행적, 즐겨 찾는 맛집과 공공장소, 내 집의 가격과 그 외 부동산 가격에 영향을 주는 여러 인프라, 플랫폼 사업자는 당신의 삶이라는 커다란 덩어리를 개별 데이터들로 잘게 소분한 다음, 그 데이터를 차곡차곡 지도 위에 쌓아 올리는 중이다. 미디어 생태를 연구하는 인천대학교 이동후 교수는 '별점'이 기반이 되는 모바일 지도가 대중들의 장소 인식을 상당히 바꿔 놨다고 말한다.

> "여행은 이제 완전히 미지의 세계를 탐험하는 느낌이라기보다, 원래 그대로의 생활을 영위하면서 내 몸만 다른 어딘가로 다녀오는 형태가 됐습니다. 생활의 편의가 늘어난 대신 다양한 경험의 폭은 좁아졌죠. 온라인의 경험이 오프라인 풍경을 바꿔 놓고 있습니다. 우리가 직접 맞닥뜨리고 인식할 수 있는 '장소'는 인스타그램 기록과 블로그 후기, 별점과 평점들을 보면서 으레 다녀와야 하는 곳들의 경로가 정해진 형태의 공간

이 되고 있습니다."

지도 형태는 여기서 더 진화할 조짐을 보이고 있다. 지난해 경제지《포천Fortune》이 개최한 '브레인 스톰'이라는 콘퍼런스에서 구글 수석 부사장 프라바커 라하반Prabhakar Raghavan은 영상을 기반으로 정보를 검색하는 요즘 세대들의 습성을 거론하며 "종이 지도를 모바일 속에 구겨 놓은 형태로는 고객들의 기대를 충족시킬 수 없다"고 말했다. 이 발언으로 인해 구글이 기존 맵 서비스와 다른 형태의 증강 현실, AR을 접목한 형태의 영상 기반 3D 맵 서비스를 준비 중인 것이 아니냐는 전망이 흘러나오고 있다. 이용자가 실제로 지도 속에 들어가 있는 것처럼 느끼게 하는 맵 서비스가 되지 않을까 하는 추측이다. 기술의 발전 속도가 날로 빨라지고 있다. 우리는 또 어떤 새로운 지도와 세계에 익숙해질까? 우리의 세계는 어디까지 확장할 수 있을까.

웬만해선 시트콤을 막을 수 없다

힘들 때 우는 것은 삼류고, 참는 것은 이류지만, 웃는 사람은 일류라는 말을 들어 본 적이 있을 것이다. 지난 2013년, 탤런트 이상민이 한 방송에 출연해 셰익스피어의 경구라며 인용했는데, 큰 빚에 시달리면서도 쓴 미소를 짓던 이 씨의 표정 그리고 문구가 어우러지며 절묘한 '짤'이 생성됐고 이윽고 급속도로 퍼져 나가게 됐다. 이상민 씨는 그 후로 '일류좌'로 불리기도 했다. 그러나 사실 이 말은 출처가 불분명하다. 아무래도 셰익스피어가 남긴 많은 경구 중에서, 환난을 극복하기 위한 올바른 마음가짐에 대한 일부 글귀를 어느 의욕적인 해설가가 한국인들의 입맛에 맞게 의역한 것으로 보인다. 다만 《베니스의 상인》 중에는 비슷한 대사가 나오기도 한다. "운명을 정복하는 사람들은 어려울 때도 웃으며, 이런 사람들은 세상이 자기 것이지, 자기가 세상의 것이 아니라는 걸 안다."

셰익스피어가 일류로 인정했는지의 여부는 불확실하더라도, 역시 웃음은 힘든 시간을 이겨낼 수 있는 강인함과 여유의 상징이다. 그래서 정치인들의 연설문에도 유머적 요소가 포함된 경우가 많다. 우리나라에서도 대통령 선거에서 승리한 당선인이 보통 가장 먼저 꾸리는 보좌진이 '정무팀'인데, 여기엔 향후 당선인이 어떤 메시지를 전달할지 고민하는 인사들로 채워진다. 역대 당선인들의 메시지 팀엔 코미디 작가, 방송 작가 출신 등으로 유머를 담당한 사람이 더러 눈에 띈다.

웃음은 규칙 위반에서

웃음이 막중한 역할을 하다 보니 언어 및 수사학계는 담화 과정에서 웃음이 발생하는 요건을 활발히 연구하고 있다. '무엇이 유머를 만드나'라는 고심은 연설 실력이 곧 정치력이었던 고대 그리스 시절로 거슬러 올라간다. 아리스토텔레스, 플라톤과 같은 이른바 '선생'도 유머를 연구한 흔적이 있다. 그렇다면 성공적인 농담의 조건은 무엇일까? 학계에 이어져 내려오고 있는 정설을 아우른다면 바로 '의외성'과 '부조화'라 할 수 있다. 긴장감 속에 있다가 그 긴장감이 사라질 때 웃음이 나온다는 각성 이론, 다른 사람의 열등감을 갑자기 깨닫게 될 때 우월감과 기쁨을 느끼면서 웃음이 유발된다는 우월성 이론, 원래 심각한 의미로 인지된 것이 갑자기 기대와 다르게 어처구니없거나 우스꽝스러운 것으로 여겨져 웃음이 유발된다는 부조화 이론이 대표적이라고 할 수 있다.

가령 부조화 이론의 예시는 이런 것이다. 이제는 기억 저편으로 사라져 가는 추억의 최불암 시리즈를 소환해 보자. 연예인 최불암이 약사가 되었다. 어느 날 약국에 손님이 와서 쥐약을 달라고 했다. 최불암이 손님에게 물었다. "댁의 쥐는 어디가 아픈가요? 증상을 말해 주세요." 마지막 문장이 나오기 전까지는 일반적인 담화 구조와 차이가 없지만 담화와 조화를 이루지 못하는 마지막 문장이 등장하면서 비로소 유머가 완성된다. 이를 이른바 '급소 문장'이라 할 수 있을 것이다.

유머와 웃음이 대화가 통하기 위해 암묵적으로 지켜지기를 기대하는 원칙을 위배했을 때 탄생한다는 가설도 있다. 영국의 철학자 폴 그라이스Paul Grice는 이런 원칙을 '격률'이라는 용어로 설명했다. 먼저 협동의 원리가 있다. 사람들이 대화를 할 때 화자와 청자는 대화의 맥락을 서로 일치시키도록 협동한다는 것이다. 이 격률이 위배되면 다음과 같은 사태가 빚어진다.

A : 나잇값 좀 하세요!

B : 나이 한 살에 얼마입니까!

그다음으로는 양과 질의 격률이다. 양의 격률은 수용자가 유머의 의미를 제대로 이해하기 위해서는 맥락을 이해할 수 있는 충분한 정보가 주어져야 한다는 원칙, 그리고 질의 격률은 화자의 말이 진실이라고 받아들여지는 것을 말한다. 그 밖에도 대화 주제에서 관련 있는 내용만 말할 것을 기대한다는 '관련성 격률', 화자와 청자가 서로 간단명료하게 말할 것으로 기대하는 '방법의 격률'이 있다.

사라진 시트콤의 자리에는 캐릭터 쇼가

먹히는 법칙까지 다종다양하게 연구되는 웃음을 상업 시장에서 써먹는 건 당연지사다. 사람들에게 웃음과 기쁨을 주는 콘텐츠는 아예 예능이라는 구획으로 나뉘어 있다. 지금은 국내 지상파에서 찾아보기 어렵지만 시트콤 역시 이 분야의 대표 주자였다. 시트콤은 서사와 캐릭터를 갖추고 주 4일 이상 같은 시간대에 30분가량 방송되던 에피소드 단위의 극이다. 시추에이션 코미디situation comedy의 약칭인 시트콤은 고정된 무대와 등장인물을 배경으로 독립된 에피소드를 코믹하게 엮는다. 드라마와 코미디의 혼성 장르라고 표현할 수 있겠다. 주로 인물의 성격, 인물 간 배경, 사건 등을 토대로 한 특수한 상황 설정이 웃음을 유발한다. 시트콤이 장르로서 한국에서 전성기를 누렸던 시기는 1990년대부터 2000년대 후반이다. 비교적 가까운 시기 방영된 MBC의 〈하이킥〉 시리즈에 앞서, SBS에도 이 시절 나온 명작들이 많다. 〈순풍산부인과〉, 〈웬만하면 그들을 막을 수 없다〉, 〈똑바로 살아라〉 등은 현재도 방영 당시엔 세상에 태어나지도 않은 젊은 세대들의 꾸준한 사랑을 받는 시트콤이다.

걸출한 신인과 여전히 회자되는 명대사를 배출한 〈순

풍산부인과〉 시리즈는 SBS 유튜브 채널 '빽능'에서 무려 1400만 회의 조회 수를 기록하고 있다. 매일 저녁 정해진 시간에 가까운 사람들과 함께 보던 추억을 잊지 못한 '그때 그 시절'의 시청자들은 물론, 충분히 콘텐츠가 공급되지 않는 한국 코미디 시장의 고객들이 꾸준히 채널을 방문하고 있는 것으로 보인다. 관련 업계에 따르면 이렇듯 주 5회 30분씩 방영되는 '정통 지상파 시트콤'을 제작하기 위해서는 통상 메인 작가 다섯 명과 보조 작가 다섯 명이 필요하다. 이들은 매일 회의를 거쳐 100편이 넘는 에피소드 아이디어를 구상하게 된다. 제작 스태프도 마찬가지다. 한 회 분량이 적더라도 매일 정시에 방영되는 프로그램을 제작하기 위해선 리소스가 적잖게 들어간다. 다시 말해 프로그램을 하나 제작하는 데 들어가는 비용이 만만찮다는 이야기다. 2010년대 들어 콘텐츠 제작 환경과 규모가 급속도로 커지면서 연극 느낌의 소품과 비슷한 배경에서 찍는 시트콤에 대한 시청자들의 수요도 줄었다. 명맥을 이어오던 지상파 시트콤이 서서히 자취를 감춘 건 그때부터다. 가성비가 떨어졌기 때문이다. 대신 코미디 장르에 대한 여전한 수요는 점차 다른 프로그램들이 적극적으로 수용하기 시작했다.

최근에는 〈슬기로운〉 시리즈(tvN)처럼 드라마에서 전통적인 시트콤 앙상블 캐스팅을 적극적으로 활용하기도 하고, 〈마음의 소리〉(KBS)나 〈놓지마 정신줄〉(JTBC)과 같이 웹툰을 시트콤 형식으로 그대로 영상화하는 등 여러 시도가 잇따르고 있다. 웃음을 담당하는 캐릭터를 전면에 내세우고, 코미디 시퀀스를 알리는 효과음을 넣는 등, 다양한 방식으로 각 분야에 시트콤 장르가 자잘하게 쪼개졌다.

온라인 콩트로 부활한 시트콤

특히 유튜브 등 온라인에선 이미 이용자들에게 익숙해진 10분 내외 짤막한 영상물과 시트콤이 결합하기도 한다. 시트콤은 각종 크리에이터의 '롤플레잉·체험형 ASMR'과 지상파에서 자리 잡지 못한 개그맨들의 개인 채널에서 다시 부활 중이다. 〈강유미 yumi kang좋아서 하는 채널〉, 김대희의 〈꼰대희〉와 같은 개인 채널과 여럿이 모여 만드는 〈숏박스〉, 〈피식대학〉 등의 채널은 이미 이 영역의 강자로 자리 잡았다. 특히 〈피식대학〉의 '비대면 소개팅', '05학번 is back', '한마음 산악회' 같은 히트 시리즈물은 시트콤 제작 방식을 차용해 아예 캐릭터와 서사를 구축해 버린 사례다. 연속성을 가지고 줄거리가 이어지고, 이 서사를 바탕으로 과거와 현재를 아우르는 건 물론, 거대한 '피식 세계관'을 형성해 개별 캐릭터들이 시공간을 넘어 시리즈를 넘나들기도 한다. 이 정도면 현대판 시트콤의 새 문법을 개척했다는 평가를 받을 만하다.

웃음을 유발하는 원칙은 고대로부터 정해져 왔을지 몰라도 어떤 방식으로 전할 것인가는 늘 새로워질 수 있다. 돈과 시간을 들여서라도, 많은 사람들이 그토록 목말라하는 웃음 시장의 빈자리를 공략하려는 영리한 이들의 움직임도 빨라지고 있다.

원로 진화생물학자 떡상 유튜버 된 사연

첫 만남은 아마도 떨리는 새 학기, 고등학교 교과서였을 것이다. 7차 교육 과정을 거쳤다면 어렴풋하게 기억 속 저편에 있을 〈황소개구리와 우리말〉이란 제목의 글이다. 이 글은 2002년부터 고등학교 국어 국정 교과서 1단원에 실렸다. 외국어와 외래어의 범람으로 갈 길을 잃은 우리말의 처지를 외래종 개구리에 습격당한 토종 개구리의 생태계에 빗댔다. 제목의 오른쪽 아래에 쓰여 있던 저자의 이름마저 왜인지 묘하게 생태적인 느낌을 줬던 기억이 남아 있다. 최재천. 있을 재在에 하늘 천天을 쓴다고 한다. 국립생태원장, 이화여자대학교 에코과학부 석좌 교수, 코로나19 일상회복지원위원회 공동위원장, 생명다양성재단 대표 등 그에게 붙은 직함만 수 개에 이른다. 명실상부 한국 사회의 원로 최재천 교수가 시작한 유튜브 채널 〈최재천의 아마존〉이 최근 젊은이들 사이에서 인기를 끌고 있다. '대중의 과학화'를 꿈꾸며 30년째 대중들에게 노

크하고 있는 진화생물학자는 어쩌다 요즘 것들의 아이콘이
된 걸까?

진화생물학자 최재천 교수, 유튜버가 되다?

떡상의 서막은 한국 사회 출생률에 대한 작심 발언부터다. 유
튜브에 업로드한 영상에서 "지금 한국에서 아이 낳는 사람은
바보", "아이큐가 두 자리가 안 되니 애를 낳는 거겠죠?"라는
발언이 큰 주목을 받았다. 진화생물학자의 관점에서 출산과
육아에 척박한 지금의 환경을 고려할 때 사회 문제로 부각된
저출생은 당연한 진화적 적응 현상이라는 말이다. 최 교수는
"주변에 먹을 것이 없고 숨을 곳이 없는데 거기서 애를 낳아
주체를 못 하는 동물은 진화 과정에서 살아남기 어렵다"며 현
재 한국 사회의 현실은 과거에 비해 "지나치게 현명해진 세
대, 지나치게 똑똑해진 세대의 불행"이라고도 덧붙였다. 이런
차가운 계산을 거치고도 출산 결정을 내리는 사람은 '바보'
아니면 '애국자'라는 것이 최 교수의 결론이다. 파격 발언에
'좌표'가 찍혔다. 2020년 10월 첫 영상을 시작으로 여러 영상
을 올렸지만 1년 가까이 1~2만 명에 그쳤던 채널 구독자 수
는 한 달도 되지 않아 9만 명을 목전에 둘 정도로 성장했다.
차츰 늘어난 구독자들이 과거 영상들을 '역주행' 시청하면서
과거 발언들도 세간에 다시 회자되고 있다. "(자연에서처럼)

일부일처제가 없으면 원빈, 현빈이 몇천 명씩 데려가기 때문에 우리에겐 차례가 돌아오지 않는다", "인류의 역사는 여성 착취의 역사", "여성에게 출산을 장려한다는 것은 남성 입장에선 입을 다물어야 할 일", "동성애는 동물 세계에서도 자연스러운 현상"과 같이 진화생물학 관점에 기반한 젠더 발언들이 특히 주목을 받고 있다.

사실 최재천 교수는 2004년, 헌법재판소의 호주제 폐지 판결 심리 당시, "생물학적으로 암컷이 수컷보다 진화에 기여하는 바가 크므로 호주제는 과학적 근거가 전혀 없다"는 내용의 의견서를 제출하는 등 여권 신장을 꾸준히 발언하고 실천해 온 학자다. 공로를 인정받아 2004년 올해의 여성운동상을 수상했는데, 당시 수상 소감에서 최 교수는 "허울뿐인 가부장 계급을 떼어 내면, 편해지는 건 남성들"이라 말하며 지금까지 양성평등의 편익은 남녀 모두에게 돌아간다는 점을 일관되게 주장하고 있다.

솔직함과 진정성

기성세대의 '내로남불'이라면 치를 떠는 젊은 세대들의 마음을 원로 교수의 진정성이 제대로 두드린 걸까? '남의 눈치 보지 말고 꿈을 이루라'는 덕담 대신, "같이 사는 세상인데 눈치 안 보는 사람들 싫다", "까딱하다간 굶어 죽는다는 걸 모르고,

세상 물정에 약간 느렸던 덕에 생태학을 하게 됐다"는 솔직한 발언들도 공감을 얻고 있다. 사회적 거리 두기 강화 방침이 발표되기 전날, 밤늦도록 김부겸 국무총리와 유선 회의를 했다던 최재천 교수는 몇 시간에 걸친 인터뷰에도 지친 기색 하나 없이 이야기를 이어 갔다. 유튜브를 시작하게 된 계기는 침팬지 학자인 제인 구달 박사와 함께 창립한 공익 재단 법인 생명다양성재단의 운영비를 마련하기 위해서였다. 기초 과학을 지원하고 다양성 보전을 위한 방안을 개발하는 역할을 하고자 했는데, 후원금 모으는 일이 쉽지 않았다. 고민하던 차에 주변의 조언을 얻어 시작한 유튜브 채널이 1년 지나 입소문이 퍼지면서 이젠 조금씩 재단 후원도 늘고 있다. 열대 지역의 벌레는 왜 크기가 큰지, 겨울잠을 자는 동물을 깨우면 무슨 일이 생기는지……. 처음엔 할아버지 과학자가 생태학을 알기 쉽게 설명해 주는 교육 콘텐츠로 출발했다. 그러다 콘텐츠 콘셉트를 한 번 바꿨다. 네이버 지식인 서비스에 실명 '등판'해 질문에 직접 답해 주고, 그 대가로 '내공'을 쌓아 '지존' 계급에 도전하는 새로운 콘셉트로 변신했다. 길을 가다 우연히 스마트폰으로 찍은 곤충이 무엇인지 설명해 달라는 질문부터 교수의 월급이 얼마인지를 묻거나 첫사랑 이야기를 해달라는 등의 당혹스러운 요청도 있었다. 심지어는 최재천 교수의 책으로 독후감을 써야 하는데 다섯 문장으로 써달라는 짓궂은 요청도 있었다. 그렇게 차근차근 쌓은 내공은 (비록 당초 목표 치였던 '지존' 계급엔 도달하지 못했지만) 그가 좋아한다는 트로 트 가수 '임영웅'과 이름이 같은 '영웅' 계급에 도달하며 시즌 의 막을 내렸다.

작심 발언 콘셉트를 어떻게 고안했냐는 질문에 69세 원로 교수가 요즘 유튜버 같은 대답을 내놨다.

"조회 수가 한동안 1만 5000명에서 늘지를 않더라고요. 그러다 주변 과학자 중에서 유튜브 채널을 운영하는 장동선 박사(뇌과학자)가 한번은 그러더라고요. 선생님 그런 거 하지 말고 좀 진지한 거를 해보라고요. 자기로 치면 뇌과학자가 본 죽음 같은 걸로요. 자기도 그러니까 갑자기 늘었다고 하더라고요."

출생률 발언에 대한 열렬한 반응엔 본인도 놀랐다고 한다. 해당 발언의 골자는 무려 최 교수가 2005년 출간한 책 《당신의 인생을 이모작하라》에 이미 언급한 내용이다. 최 교수는 이 책에서 여성의 난모세포가 고갈되고 더 이상 임신을 할 수 없는 상황이 오면 이전과는 다른 삶을 살자고 주장했다. 이제는 많이 알려진 표현이지만 당시 '폐경'을 '완경'으로 부르자고 처음 제안했다.

"(출생률 IQ 발언 반응은) 그 생각을 저만 한 게 아니었기 때문에 그런 거겠죠? 생태의 기본이 개체군 변동이거든요. 옛날에 합계출산율이 1.2명 정도로 떨어지는 걸 보고 저출생 고령화가 한국 사회에 당면한 심각한 문제가 될 거란 생각이 들었습니다. 근데 너무 사람들이 모르는 것 같아서 책을 썼는데 당시엔 아무 반응도 없었어요."

2022년 합계출산율은 0.78명. 인구 절벽에 직면한 한국 사회에서 '최스트라다무스'의 예언이 현실화할 동안 '번식', '도태'와 같은 진화생물학 용어들도 일반인들 사이에서 심심찮게 등장하는 세상이 됐다.

"제가 동물학자니까 과거에는 '번식이 끝나면' 이런 식으로 표현했는데 그때는 사람들이 대단히 불편해했어요. 요즘엔 제가 아무리 번식 어쩌고 해도 거부감 없는 걸 보면 그간 생물학에 대한 인식도 폭이 많이 넓어진 거 같아요. 한국인들의 과학책 베스트셀러 부동의 1위가 리처드 도킨스의 《이기적 유전자》인데 그간 이 책을 많이들 읽으신 것 같아요."

수위 높은 발언에 유입된 구독자들이 꾸준히 〈최재천의 아마존〉에 머무르게 되는 건 10년, 20년 동안 일관된 모습을 보여 준 최 교수의 무해한 이미지 때문이기도 하다. SNS와 각종 커뮤니티에선 최재천 교수 콘텐츠를 '힐링물'로 소비한 다는 감상이 많다. 주로 자기 전에 본다고 한다. 정치적 편향 성을 찾아보기 어려운, 일평생 연구한 동물과 자연의 생태에 서 발견한 실마리를 담담한 어조로 전하는 최재천 교수의 유 튜브엔 악성 댓글도 적은 편이다. 유튜브 콘텐츠가 친숙한 이 미지로 소비되면서, 직접 실천한 공동 보육, 글쓰기에 관한 태 도도 회자되고 있다.

인터뷰 중엔 아내 이야기가 많았다. 하버드대학교에서 유학하던 시절 음악학을 전공한 아내를 만나 신혼 9년째 되 던 해 아들을 얻었다. 결혼할 때부터 지금까지 줄곧 집안일에 서 설거지는 본인의 몫이라고 말한다. 상대적으로 학위 과정 을 일찍 마쳤기에 아내보다 시간적 여유가 많았던 최재천 교 수가 어린 아들의 양육을 도맡는 일이 많았다. 미국에선 아기 띠를 매고 안은 채 강의하기도 했다.

"미국에선 아이를 바구니에 넣으려 하면 자청해서 자기 앞에 두고 아이를 들여다봐 주기도 했어요. 그런 생각을 하고 서울 대학교에 부임하고선 피치 못하게 두어 번 아이를 강의실에 데리고 가서 앉혀 놓고 수업했지요. 큰 피해를 주지 않았다고 생각했는데 강의 평가에 6~7명이 '집에 가서 애나 봐라', '마누라도 없냐'고 써서 크게 실망했던 일이 있습니다."

유튜브에서 "아이 낳는 것을 제외하곤 보육의 모든 과정을 남자가 못할 이유가 없다"고 말한 최 교수 역시 가부장적인 가정에서 자랐다. 사내자식이 부엌에 한 번 발을 디뎠다고 두 시간 동안 무릎 꿇고 벌을 받았다고 한다. 최재천 교수는 존경과 원망의 감정이 뒤섞인 아버지에 관한 일화를 소개했다.

"아버지가 덧니가 많은 분인데 남들은 모르고 지나가는 돌을 꼭 골라냈습니다. 그럴 때면 어머니는 늘 밥을 다시 해야만 했습니다. 그때마다 모두가 고요하게 아버지의 눈치를 봤습니다. 어머니가 상을 정리해 들고 나갈 때의 그 소리를 아직도 기억합니다. 부들부들 떨리는 손 때문에 밥상 위에 있던 그릇들이 부딪혀 달각달각하는 소리를 냈습니다. 그때부터 나는 '말랑 팥죽' 같은 아버지가 되겠다고 결심했습니다. 아들 결혼식에선 자랑스럽게 '황제처럼 키웠다'고 말했어요."

최 교수는 젊은 세대들을 중심으로 나타나는 혐오와 갈등에 대해서도 10여 년 전 예상했다고 한다.

"당시에는 준말을 잘 쓰지 않아 '여혐(여성 혐오)'이란 말을 직접 쓰진 않았지만 비슷한 현상이 나타날 것이라고 생각했습니다. 지금껏 남성들이 억지로 추를 붙들고 있었어요. 경제권을 쥐고 있으면서 휘두르는 사회를 만들고 있었는데 이게 풀리기 시작하면서 추를 놓아야 하는 순간이 온 겁니다. 다만 이 추를 놓으면 남녀 평등이라는 정중앙에서 멈추지 않습니다. 추는 저쪽으로 갑니다. 한동안은 남성들이 불평하고 억울해할 수 있을 거라 말했습니다. 그때가 이제 온 것 같네요."

최 교수는 이런 갈등이 오래 지속될 것으로 보진 않는다고 말했다. 오히려 갈등의 골을 메우기 힘든 쪽은 세대 간 갈등이다.

"남녀 갈등은 언젠가 풀립니다. 남성과 여성은 만날 수밖에 없습니다. '이대남', '이대녀', 이렇게 놓고 보니까 심각해 보이는데 남성 전체와 여성 전체를 놓고 보면 오히려 남성들이 반기는 상황이 될 수 있습니다. 남성들 입장에선 전통적으로 돈 버는 기계에서 가정의 중심이 될 수 있는 기회입니다. 직장에서 여자들한테 '내 직장 빼앗긴다'고 느끼지 않고 내 아내의, 내 딸의 직장을 확보한다고 생각하면 좋겠습니다."

"요즘 들어 주 4일제 이야기가 심심찮게 나오는데 저는 예전부터 주 3일제를 주창해 왔습니다. 이런 겁니다. 일주일에 하루 쉰다 치면 3일은 남자가, 3일은 여자가 일하는 겁니다. 그렇게 나눠서 일하고 쉬고. 남자들도 카페에 앉아 수다도 떨고 아이도 돌보고. 얼마나 좋습니까?"

수백 권의 책이 꽂혀 있는 연구실엔 곳곳에 책을 빌려간다는 포스트잇이 붙어 있다. 열정적인 저술가이면서 애서가, 장서가이기도 한 최 교수에게 독자들을 위한 추천 도서를 부탁했다.

"저는 경쟁보다 협력이 더 중요하다고 결코 생각하지 않습니다. 경쟁은 불가피합니다. 그러나 자연을 잘 들여다보면 손잡은 놈들이 서로 협력하면서 경쟁에서 함께 살아남습니다. 그간 우리는 자연 선택이라는 과정을 '적자생존'이라고 표현했습니다. 'Survival of the Fittest'라고 하는데 여기서 최상급이 잘못 들어갔습니다. 우리 사회는 마치 1등이 아니면 다 망할 것 같은 강박 관념을 가지고 있는데 자연은 절대 그렇지 않아요. 우리는 이상하게 자연을 그런 식으로 바라봅니다. 자원이 부족해지면 저 밑에 경쟁력 없는 누군가 죽어가는 거지 1등만 남겨두고 다 죽는 게 아닙니다. 몇 명이서 같이 힘을 내서 잘

해서 함께 살아남자, 잘 들여다보니까 자연이 그런 곳이더라는 겁니다. 이런 생각을 집대성해서 쓴 책이 《손잡지 않고 살아남은 생명은 없다》입니다. 그걸 최근에 생물학자들이 많이 얘기하기 시작했습니다. 《휴먼카인드》, 《다정한 것이 살아남는다》, 《우정의 과학》세 권을 추천합니다. 마음이 따뜻해지실 겁니다."

좀비는 어쩌다 노다지가 되었나

독일의 철학자 니체가 말했다. "가장 나쁜 것은 곧 죽는 것이고, 그다음으로 나쁜 것은 언젠가 죽는다는 것이다." 그렇다면 '죽었지만 죽은 게 아닌' 건 나쁘기로 치면 몇 번째 정도일까? 죽었지만 죽은 게 아닌 존재, 좀비가 되는 건 썩 좋지 않은 일이지만 좀비로 덕 보는 사람은 꽤 많은 것 같다. K-좀비물이 전 세계 무대에서 연전연승을 거두고 있다. 화제가 된 하나의 주자는 넷플릭스 오리지널 드라마 〈지금 우리 학교는〉이다. 한 고등학교에서 시작된 좀비 바이러스로 인해 시 전체가 재난 상황을 맞게 되는 내용이다. 2022년 2월 둘째 주 기준 누적 재생 2억 3600시간을 넘겨 〈오징어 게임〉에 이어 한국어 작품 중 미국에서 1위를 차지한 두 번째 작품이 됐다. 드라마 〈킹덤〉 시리즈와 영화 〈부산행〉 역시 K-좀비물의 흥행작으로 꼽힌다. 미국 잡지 《포브스》는 이 두 작품을 들며 "워

킹데드(AMC가 제작한 좀비 시리즈) 시즌이 아무리 많아 봤자 현대 좀비 콘텐츠의 최고 제작자는 한국"이라고 논평하기도 했다. 이 정도면 좀비도 어느덧 '두유노Do you know 클럽'에 들어갈 수 있는, 한국의 주요 특산품으로 자리매김한 것 같다. 등장한 지도 어언 한 세기가 되어 가는 좀비는 어쩌다 근래 몬스터계의 강자로 군림할 수 있었을까?

물고 찢고 쫓는 좀비들의 인기 비결은

이제는 스테레오 타입이 된 좀비의 존재론적 특성이 있다. 인육을 먹는다는 점, 그리고 좀비에게 물리면 좀비가 된다는 점, 마지막으로 뇌를 완전히 파괴해야만 동작을 멈춘다는 점이다. 시대를 거듭하며 갖가지 변주를 거치면서도 이 특성들은 바뀌지 않았다. 조지 로메로George Romero 감독은 현대 좀비의 창시자로 불린다. 1968년 작품인 〈살아있는 시체들의 밤〉에서 앞서 나열한 좀비의 원칙을 확립했기 때문이다. 그런데 사실, 좀비의 기원은 아이티의 괴담이다. 기록에 따르면 좀비는 부두교의 주술 행위로 탄생했다. 1932년 빅터 핼퍼린Victor Halperin 감독이 영화 〈화이트 좀비〉에서 최초의 좀비를 형상화했다. 등장인물들은 아이티 주술사의 약을 먹고 전두엽이 손상돼 스스로 생각할 수도, 느낄 수도 없는 존재로 전락한다. 이 영화에 등장하는 좀비는 자유를 잃어버린 여성 그리고 노예로 살아가는 흑인을 은유한 것으로 분석되곤 한다.

단! 여기선 좀비가 적어도 무서운 괴물은 아니었다. 주술을 건 사람의 명령만 따르는 영혼이 없는 괴이한 존재긴 했지만 말이다. 이랬던 좀비가 호러 무대의 주인공으로 본격 데뷔한 건 앞서 언급한 조지 로메로의 이른바 '좀비 3부작'부터다. 〈살아있는 시체들의 밤〉에선 우주 탐사를 마치고 돌아온 위성에서 나오는 방사능에 오염된 이들이 좀비로 변한다. 심지어 그때는 좀비라는 말도 사용하지 않았다. 서로 잡아먹는 가족, 쇼핑몰을 근거지로 되살아난 좀비 떼 등, 이 영화에 등장한 많은 이미지가 마침 당대 비평가들의 구미에 잘 들어맞았다. 당시 좀비 3부작은 핵가족 제도와 물신주의에 대한 비판이라는 해석과 더불어 더 근본적으로는 베트남전을 치러낸 미국 사회의 '내가 아닌 다른 존재', 즉 '타자'에 대한 공포를 형상화한 것으로 평가받는다.

세월과 함께 좀비도 진화했다. 좀비 현상의 기원과 확산이 조금 더 동시대의 사회사적 맥락을 반영하는 방식으로 변한 것이다. 미치광이 과학자, 자본의 탐욕, 거대 권력의 실수 등으로 바이러스가 노출된다는 서사가 등장했다. 영화의 긴장감을 극대화하는 건 좀비들의 속도다. 점점 빨라지는 좀비로 인해 감염 범위도 대폭 확대됐다. 〈새벽의 저주〉, 〈월드워 Z〉 등 좀비 영화는 블록버스터급으로 진화했다. 등골을 서늘하게 하는 호러 장르에서 거대 재난을 대하는 스릴 액션 영화로 그 성격을 바꾼 것이다.

경계에 선 괴물

좀비는 동서양을 막론하고 최근 가장 빈번하게 등장하는 괴물 캐릭터다. 어느덧 탄탄한 장르로 자리 잡은 좀비의 매력은 아무래도 흐릿한 경계라 할 수 있을 것이다. 산 것도 아니고 죽은 것도 아니라는 특성과 더불어, 내 편이 순식간에 나를 해치는 존재로 돌변한다는 점 말이다. 그래서 내가 살려면 반드시 이들을 제압하거나 격리해야 한다. 통상 괴물 이야기의 구조는 '정상(또는 내 편)'과 '괴물'의 대립으로 전개되곤 한다. 그것과 나 사이엔 넘을 수 없는 선이 있고 그 선을 가운데에 둔 채 괴물을 무찌르면 되는 것이다. 그러나 좀비는 어떤가? 좀비는 착한 사람과 나쁜 사람을 가리지 않는다. 그 누구의 사연과 관계없이 무차별적으로 이뤄지는 감염은 두려움을 극대화하는 장치가 된다. 정신분석학자 프로이트는 '언캐니uncanny'라는 개념으로 인간이 괴물에게 갖는 두려움에 대해 설명한 적이 있다. 괴물이 두려운 이유는 그것이 일찍이 자신의 일부를 이뤘던 것, 즉 친밀한 것이었기 때문이라는 것이다. 이 친밀한 일부가 억압되면서 불쾌한 것으로 바뀐다. 이윽고 익숙했던 것은 낯선 것으로 전환된다. 그 전환은 두려움이 된다.

좀비의 외양도 이질감을 증폭하는 데 도움을 준다. 훼손된 신체, 어색한 걸음걸이, 선혈이 낭자한 거리……. 호러 영화 사상 가장 많은 양의 피를 사용한 것으로 알려진 피터 잭슨 감독의 1992년 영화 〈데드 얼라이브〉도 좀비 캐릭터를 활용한 영화다. 그런데 죽었는데 움직이고, 살아있는 자를 계속 따라다니는 시체라면 동양권에도 꽤 친숙한 이미지가 하나 있다. 쿵, 쿵, 쿵, 다가오는 소리로 간담을 서늘하게 했던 바로 강시 말이다. 좀비가 지구촌을 강타한 대세 괴물이 되는 동안 동양의 강시들은 대체 뭘 하고 있었던 걸까? 강시와 좀비를 비교한 연구 논문[3]에 따르면 청나라 시대 저술 기록 《열미초당필기》에 공력이 뛰어난 한 의원이 강시를 만난 일화가 소개돼 있다. "눈이 붉은빛을 띠고 송곳니와 손톱이 길었다. 온몸이 통나무처럼 단단해 때리고 발로 차도 끄떡없다." 이 묘사는 향후 1970~1980년대를 구가한 숱한 홍콩 영화 속 강시 모습의 원류가 된다. 강시의 발현 기제는 잘못 매장된 시신이다. 죽은 사람을 땅에 잘 묻지 않으면 영혼이 구천을 떠돌면서 사람들에게 해코지를 하게 된다는 중국 괴담이 기원이 됐다. 아사 또는 동사로 뻣뻣하게 굳은 몸이 특색이다. 그래서 강시들은 다리를 구부리지도 못하고 양발을 모아 뜀박질하며 이동한다.

그러나 전염 자체가 유일한 동력인 것처럼 질주하는 좀

비와 달리 산 자의 양기를 빨아들이는 강시는 제약 조건이 많다. 일단 무서워하는 것들이 있다. 부적, 닭 피, 찹쌀 등에 맥을 못 춘다. 강시를 다스리는 방법은 술법이 적힌 부적을 이마에 붙여 다시 무덤 속에 눕히는 일이다. 중국 후난성 상시 지역에서 전해 내려오는 민간 전설엔 객지에서 죽은 사람들을 고향 땅에 묻기 위해 도사들이 시신들을 제 발로 걷게 했다는 이야기도 있다고 한다. 강시로 촉발된 위기를 극복하는 것은 비정상의 상태를 정상으로 돌려놓는 것에 가깝다. 살점이 튀는 현장에서 생존을 위해 좀비의 머리를 날려버리는 것과는 차이가 있다. 심지어 강시의 복색이 청나라 시대 관리들이 입던 관복이라는 점도 흥미롭다. 일각에서는 이를 통해 강시가 주류문화의 질서를 상징한다는 분석을 내놨다. 강시를 대할 때의 목적은 살육이 아닌 질서 회복이라는 것이다. 그래서인지 강시를 소재로 한 영화에서 강시들은 '공포의 대상'이기보다 '무술 대결의 상대'로 묘사된다.

빠르고 사연 있는 K-좀비

사실 민간 전설과 설화로 전해 내려오던 괴물이 그럴듯한 존재감과 이야기를 갖추게 되는 건 구체적 상상력으로 구현된 후대의 창작물에서인 경우가 대부분이다. 꼭두각시에 가까웠던 아이티의 괴담 속 좀비가 조지 로메로 감독 영화에서 호러 영화의 장르가 된 것도 그렇고, 1985년 홍콩 영화 〈강시 선생〉으로 스타일을 찾은 강시가 그렇다.

상승세를 타고 있는 좀비 제작국 한국의 사정은 어떨까? 서두에 언급한 미국 잡지 《포브스》는 "한국은 종래 서양에 등장하던 느리고 게으른 좀비가 아닌, '빠른 좀비'라는 훨씬 더 무서운 괴물을 창조했다"고 전했다. 같은 좀비라도 K-좀비가 더 빠르다는 말이다. 빠름에 일가견 있는 건 좀비도 마찬가지인 것 같다. 우리나라 최초의 좀비 영화로 언급되는 영화는 1981년 작품 〈괴시〉다. 죽은 지 3일이 지난 주인공 용돌이가 다시 살아나 주변 인물들을 공격하는 상황이 주요 내용이다. 물론 당시에는 좀비라는 말도 쓰이지 않았고, 개봉 당시 큰 반향을 일으키지도 못했지만 현재는 국내 좀비 영화의 효시로 꼽히고 있다. 한을 품은 혼령의 복수라는 서사가 국내 콘텐츠 시장의 주를 이뤘던 시기를 지나, 국내에서 좀비 모티프가 본격적으로 창작에 활용되기 시작한 건 2000년대 후반부터다. 바로 웹툰을 통해서다. 양대 포털 네이버와 다음카카오에 최근까지 약 20여 년간 좀비를 소재로 하거나 세계관으로 삼은 주요 웹툰 목록을 요청했다.

포털에선 2009년부터 2021년까지 모두 25개 작품이 목록에 이름을 올렸다. 이 가운데 사실상 국내 좀비 웹툰의 시초격이라 할 수 있는 작품이 흥행 승전보를 올린 〈지금 우리

양대 포털 좀비 소재 주요 웹툰(2000년~)

작품명	작가명	론칭 시기
지금 우리 학교는	주동근	2009.05
당신의 모든 순간	강풀	2010.08
좀비를 위한 나라는 없다	모래인간	2012.03
언데드킹	윤준식/백지운	2014.04
데드데이즈	DEY	2014.07
드림사이드	홍정훈/신월	2016.07
데미지 오버 타임	선우훈	2016.08
미시령	모코넛	2017.06
언데드	김우준	2018.02
데드라이프	후렛샤/임진국	2018.07
좀비딸	이윤창	2018.08
극야	운/한큰빛	2018.12
1호선	이은재	2019.01
피와살	황준호	2019.07
리턴 서바이벌	연우솔/김무현	2019.08
닭은 의외로 위대하다	미역의 효능	2019.10
세로토닌	강희석	2020.04
태릉좀비촌	하얀독수리	2020.06
반도 프리퀄 631	연상호, 류용재/스튜디오 다다쇼	2020.12
살아남은 로맨스	이연	2021.01
엽총소년	김칸비/홍필	2021.02
사람의 조각	신의철/천범식	2021.02
위아더좀비	이명재	2021.02
복무신조	우읍	2021.09
만능잡캐	키보드만세, 홍실/김대훈	2021.12

* SBS

학교는〉이다. 영화화된 연상호 감독의 〈반도 프리퀄 631〉도 눈에 띈다. 넷플릭스 〈스위트홈〉의 프리퀄로 알려진 〈엽총소년〉도 있다. 성공적인 영상화 외에 서사에서도 눈에 띄는 점이 또 있다. 바로 '자의식 있는 좀비'의 등장이다. 많은 작품이 위기, 공포감을 조성하는 존재로만 좀비를 소비하지 않고 오히려 관객이 인간이 아닌 좀비에게 감정을 이입하도록 유도한다. 통상 좀비가 등장하는 콘텐츠에서의 쾌감은 좀비를 죽이는 것 자체에 있을진대, 〈당신의 모든 순간〉에서 좀비는 가족을 찾아 안식을 취하고자 하는 연민의 대상으로 그려지고, 〈좀비딸〉에선 심지어 좀비가 되어버린 딸을 키우는 아버지의 이야기를 다룬다. 요컨대 한국의 다양한 작품에서 좀비는 자신의 의지대로 행동할 수 있지만 몸이 훼손된 것일 뿐, 자신의 이야기를 가진 서사의 주인공으로 소개된다. 오히려 '지켜 주겠다'며 등장한 집단이나 공권력의 잔인한 모습이 더 부각된다. 연구자 송아름[4]은 이런 특성이 "가해자가 그렇게 하지 않았다면 나는 살아 있을 것"이라는 강력한 인과응보의 세계관에 뿌리내린 한국 귀신의 영향을 받았을 것으로 분석하기도 한다.

K-좀비의 조상

그렇다면 이런 한국식 변용이 좀비가 철저히 수입된 괴물이라는 방증이 될까? 15년째 한국의 민담과 설화에서 괴물을 채집하고 있는 곽재식 SF 작가에게 K-좀비의 원형에 대해 물었다. 곽 작가는 전문가답게 좀비의 원형도 두 가지로 나누어 설명했다. 먼저 아이티 괴담에 기원을 둔 '정통' 좀비 계열이다.

> "죽은 자의 혼령을 다시 불러 시체를 일으켜 세운다는 아이티 괴담 속 좀비 개념은 국내에서도 흔히 발견할 수 있습니다. '초혼'으로 불리는 의식이 모두 비슷합니다. 조선 전기 성현의 잡록《용재총화》에서 장례 풍습에 대한 일화가 소개됩니다. '재차의(여기 있지롱!)'라는 말이 언급되는데 고려 시대 한종유라는 사람이 죽은 자의 혼령을 불러내는 굿판에서 모인 이들을 놀릴 심산으로 마치 자신이 시체인 척 흉내를 냈다는 기록입니다. 가까이는 전설의 고향 속 '내 다리 내놔'도 비슷한 모티프라고 할 수 있겠지요. 조선 국왕 문종이 부친인 세종대왕을 되살리기 위해 주술사를 불러들였다는 기록도 있고요."

한편 곽 작가가 소개한 다른 흥미로운 기록은 조지 로메르 이후 최근 만들어진 좀비의 이미지와 사뭇 비슷하다. 〈등등곡登登曲〉으로 전해지는 조선 시대 가요에 얽힌 괴담이다. 《연려실기술》 등에 원전을 두고 있는 이 곡은 임진왜란 전 조선 중기 한양에서 유행한 노래로 알려졌다. 〈등등곡〉은 양가 자제 수십, 수백 명이 떼를 지어 마치 접신한 것처럼 며칠 동안 춤을 출 때 부른 것으로 전해진다. 젊은이들이 떼로 몰려들어 웃다 울기를 반복하며 기괴한 소리를 내고, 정신이 나간 춤을 추는데 이 모습이 마치 무당이 팔짝 뛰는 모양 같다고도 하고, 사람을 땅에 묻는 동작 같다고도 묘사된다. 지쳐 쓰러질 때까지 반복됐던 이 퇴폐적인 기행은 마치 유행처럼 퍼져 나갔는데 기이한 움직임을 두고 '나라 망할 징조'라 해석되기도 했다.

　　이는 비슷한 시기(14~16세기) 유럽 대륙에서 나타난 '무도광dancing mania' 현상과도 유사하다고 곽 작가는 언급한다. 독일 역사가 야곱 코니쇼펜의 기록에 따르면 유럽 전 지역에 걸쳐 수많은 남녀가 자신의 의지와 상관없이 정신 착란의 상태에서 며칠째 아무것도 먹지 않고 기이한 형태의 춤만 추는 일이 있었다. 이 '신경질적인 춤'은 이를 지켜보던 청중도 끌어들였고, 결국 "농민과 기능공, 상인, 주부를 가리지 않고 각계의 사람들이 광기의 물결에 휩싸였"다. 저주에 걸려 한 번 시작하면 죽을 때까지 춤을 춰야 하는 〈빨간 구두〉 계열 괴담에 영향을 준 기록이라 할 수 있다. 곽 작가는 "비슷한 시기 밀, 보리, 귀리 등에 환각 등을 일으키는 '맥각병' 곰팡이가 유행하지 않았을까 추측하고 있다. 빵을 주식으로 삼는 서양과 달리 조선엔 밀로 만드는 과자에 접근이 가능했던 상류층 자제들만 영향을 받지 않았을까 한다"고 전했다.

다음 세대의 괴물은?

이처럼 현대 좀비의 이미지를 이루는 작은 조각들은 과거 동서양 국경에 구애받지 않고 발견된다. 그것이 좀비가 현재 전 세계인에게 통하는 장르가 될 수 있는 이유일 것이다. 두려움은 다양한 모습으로 우리의 콘텐츠가 된다. 때로 좀비는 말살해야 하는 타자, 때로는 배고픈 군중이 되기도 하고, 자유 의지를 상실한 존재가 되기도 한다. "100년 가까운 시간 동안 유구한 괴물의 지위를 차지하고 있는 좀비의 비결이 무엇이냐"는 질문에 곽 작가는 이렇게 답했다.

> "모바일이나 웹 게임에서 죽여야 하는 대상으로 좀비가 등장할 때 사람들이 아무래도 죄책감을 가장 덜 느끼는 게 아닐까요. 다른 형상을 한 동물이나 외계인보다도 훨씬 더 희열을 느낀다는 생각도 들어요. 당장 내 앞에서 없애 버려야 할 나와 닮은 기분 나쁜 존재들이요. 그런 좀비이기 때문에 아무리 개체가 수백, 수천 명씩 몰려들어도 몰살의 명분이 생기는 거죠."

좀비의 공포가 어디서 오는가는 한번 생각해 볼 만하다. 피가 솟구치고 살점이 뜯겨 신체가 훼손돼 나가고, 인간의 장기와 육신을 뜯어먹으면서도 아무런 죄책감을 갖지 않는 존재. 이 존재의 무신경한 잔인무도함은 결국 우리 안에서 창조된, 그러면서도 숨겨진 것이기도 하다. 좀비를 뛰어넘을 다음 세대의 괴물은 누가 될까? 어떤 괴물이 우리의 숨겨진 본성을 또 적나라하게 비출 수 있을까?

지금은 남의 연애 전성시대

"난 현승이(《솔로지옥》 출연진 이름) 편이야" 직장인 여성 A 씨는 한동안 동료들과 출근 인사를 어제 시청한 연애 예능 수다로 대신했다고 한다. 넷플릭스 연애 예능 프로그램 《솔로지옥》은 종영 이후에도 연일 화제가 됐다. 1월 당시 기준으로 전세계 넷플릭스 회원들이 《솔로지옥》을 시청한 시간은 1925만여 시간. 《오징어 게임》을 넘어섰다. 꼭 《솔로지옥》이 아니라도 지상파, 케이블은 물론 다종다양한 OTT에서 내놓은 연애 리얼리티는 무자비한 콘텐츠 시장에서도 단연 뛰어난 승률을 자랑하고 있다. 가까이는 《나는 솔로》, 《환승연애》, 《돌싱글즈》, 《체인지데이즈》부터 몇 년을 거슬러 《하트시그널》까지…… 연애 리얼리티는 어떻게 사람들의 마음을 사로잡은 것일까? 정작 요즘 애들 연애는 망해 가고 있다는데 어쩌다 남의 연애는 이렇게 전성시대를 맞이한 걸까?

우리가 남의 연애에 관심 갖는 이유

인기 요인을 따지기 전에 역사부터 짚어 보자. '짝짓기 프로그램'의 역사는 유구하다. 2000년대부터 전 세계적으로 리얼리티 프로그램 붐이 일기 시작했다. 영국 ITV의 〈Britain's Got Talent〉와 미국 폭스TV의 〈American Idol〉을 시작으로 국내에도 각종 경연 프로그램이 활개를 치기 시작했다. 연애도 경연 프로그램 속에 자연스럽게 녹아들었다. 2002년부터 미국 지상파 방송인 ABC에서 방영을 시작한 〈The Bachelor〉는 미혼 남성 한 명을 상대로 25명 안팎의 미혼 여성이 경쟁을 벌여 낙점을 받는 서바이벌 프로그램이다. 시즌이 25개를 넘어갈 만큼 꾸준한 인기를 자랑하고 있다.

국내에선 경연 프로그램 열풍이 본격적으로 일기 전, 일찍이 MBC의 〈사랑의 스튜디오〉가 있었다. 국내 연애 예능의 시조새 격인 이 프로그램은 1994년부터 장장 7년간 방송됐다. 방송국 실내 스튜디오에서 결혼하고 싶은 일반인 청춘 남녀들이 서서 서로를 향해 '작대기'를 날린다. 실제로 프로그램에서 만난 남녀가 결혼에 성공하면서 더 화제가 됐다. 사실상 커플 매칭 쇼를 위한 무대인 스튜디오를 벗어나 연애 예능이 본격적인 리얼리티의 가능성을 보여 준 건 2002년부터 방영된 KBS의 〈산장미팅: 장미의 전쟁〉이다. 남자 연예인과 일반인 여대생들이 커플 탄생을 위해 서로를 향한 구애의 춤을 추고, 의미심장한 말을 툭툭 던진다.

　　연예계 등용문으로 많은 스타를 탄생시킨 〈산장미팅〉 이후 비슷한 포맷을 가진 프로그램이 우후죽순처럼 생멸을 거듭했다. 관찰 예능의 유행이 더해져, 연애로는 성에 차지 않는 시청자들을 위해 스타들을 섭외해 가상으로 결혼을 시켜버리는가 하면(〈우리 결혼했어요〉), 아예 연예계 진짜 커플 또는 부부를 등장시켜 그들의 삶을 (반쪽이나마) 엿볼 수 있게 하는 프로그램이 출현하기도 했다.

연애 예능과 사회 실험 사이

인지도 높은 연예인들이 주연으로 등장해 연예 지면을 채우는 리얼리티 예능이 시대를 풍미하는 동안, 바야흐로 2011년. 최근 회자하고 있는 여러 일반인 연애 리얼리티 프로그램의 원류라 할 수 있는 프로그램이 등장한다. 바로 연애 다큐멘터리라는 충격적인 포맷을 들고 나온 SBS의 시사 교양 프로그램 〈짝〉이다. 이후 연애 리얼리티의 트렌드가 확 바뀌었다. 출연자들의 (연애 및 결혼에 대한) 절실함과 진정성이 프로그램의 성격을 좌우하는 콘텐츠가 됐다. 실화가 갖는 힘이 더 커진 것이다. 단지 뜨기 위해 출연하는 연예인 지망생을 의도적으로 배제하기 위한 요소들이 프로그램을 아우르는 큰 콘셉트가 되기도 한다. 실제로 〈나는 솔로〉 프로그램에서는 가명을 원칙으로 했고, 사전 면접에서 결혼에 대한 절실함이 없는 지원자는 걸러냈다고도 한다.

그렇다고 자연인으로서 출연진들의 일거수일투족이 모두 전시되는 건 아니다. 연애라는 행위에 집중할 수 있게 정교하게 설계된 실험실이 제공된다. 그 공간이 '애정촌'이든, 한강이 보이는 멋진 '펜트하우스'든, '천국'이든 '지옥'이든 상관없다. 시청자는 몰입하도록 의도된 상황 속에서 인간 각각이 하는 선택, 그리고 그 선택에 영향을 끼친 말과 행동, 분위기와 공기를 지켜보게 된다. 〈환승연애〉는 실제 헤어진 연인들을 섭외해 그 전에 없던 핍진성을 획득한 사례다. 〈환승연애〉는 2021년 티빙 유료 가입자가 전년 대비 256퍼센트 늘어나게 견인한 일등공신으로 꼽힌다.

연애라는 보편적 감정으로 공감하기 쉬운 재료를 만들어 놓은 뒤, 도무지 현실에서는 일어나기 어려운 상황을 설정해 그 속에 갇힌 인물들을 바라보게 한 제작진의 영민함이 빛을 발했다. 누군가는 이 실험실에서 일어나는 갖가지 사건들을 두고 "이게 정상인가요?"라고 소위 '공감 논쟁'을 벌이는 한편, 누군가는 자신의 지난 연애를 돌이키며 "나라면 어땠을까?"라는 상념에 빠지기도 했다. 프로그램 제작에 참여한 한 관계자 역시 '실험'이라는 단어를 언급한다.

"사회 실험 예능이라는 큰 틀에서 프로그램을 바라볼 수 있을 것 같아요. 애청자들이 단순히 연애 감정을 대리 충족하기 위한 용도로 시청했다기보다 특정 상황과 분위기에서 다른 사람들은 어떤 선택을 하는지 관찰하려는 욕망이 연애 리얼리티의 기본 틀이 아닐까 생각합니다."

요즘 연애의 기쁨과 슬픔

인터뷰한 익명의 제작진들은 '이 시국' 요인도 최근 예능 시장에서 연애 리얼리티가 우후죽순 등장하게 된 배경으로 꼽았다. 제한된 환경 속에서도 대중의 시선을 끌 수 있는 특징을 갖춘 일반인 출연자들이 등장하는 관찰 예능이 팬데믹 시기 제작 환경에 안성맞춤이었다는 것이다. 누구나 적극적으로 자기 PR을 하는 요즘 시대엔 사연 있는 출연자를 섭외하는 일도 크게 어렵지 않다. '내가 했을 법한 연애', '나였을 사람들'은 공감의 문턱을 낮추는 좋은 마케팅 수단이 되지만 감정을 극대화할 수 있는 환상적인 분위기를 제공하는 일 역시 게을리할 수는 없다. '어느 프로그램에 나온 카페'로 화제가 될 만한 촬영 장소를 찾는 데만 오랜 시간이 걸린다. 적당한 현실감을 제공하면서도 그 안에서 펼쳐지는 연애가 우습게 보여선 안 되니 말이다. 출연진을 비추는 카메라 앵글이 점차 아련해질 수밖에 없는 이유다.

이런 환상을 소비할 주 타깃 시청자들은 통상, 관계자 말에 따르면 "연애가 삶의 중요한 목표가 될 수 있는 20~30대", 특히 여성들이다. 그러나 현실 삶에서의 연애는 그리 녹록치 않다. 한국보건사회연구원이 2021년 25~29세 성인남녀 2000명을 대상으로 실시한 설문 조사에서 미혼 싱글 중 78.1퍼센트는 지난 1년간 '새로운 이성을 만나거나 소개받은 경험이 없다'고 답했다. 코로나 사태 이후 '결혼이 더 하기 싫어졌다'고 답한 남성은 10.9퍼센트, 여성은 20.7퍼센트에 이르렀다. 결혼정보회사 '듀오'에서 500명을 대상으로 실시한 설문 조사에서도 미혼남녀 중 한 해간 연애를 하지 않은 이들이 41.8퍼센트로 나타났다.

미혼 청년들의 이성 교제에 대한 흥미로운 연구도 하나 있다. 한국보건사회연구원에서 만 25세에서 39세 이하 미혼남녀 3002명을 대상으로 2018년 조사한 자료에 따르면, 교제와 결혼을 위해 상대에게 기대하는 희망 소득, 직업과 학력 등 이른바 '조건'들은 과거엔 남성들에게 더 유의하게 적용됐지만, 시간이 지날수록 여성에게도 비슷하게 적용되는 추세다. 상대에 대한 기대가 높을수록 결혼 의향이나 이성 교제 확률이 감소하는 경향도 흥미롭다. 연구진은 "여성은 결혼으로 인해 자신의 삶이 더 나아질 것이라는 확신이 없는 결혼은 선택하지 않을 가능성이 있고 본 연구 결과가 그 일부를 반영한다"고 결론을 맺는다.

비록 현실의 나는 야근을 마치고 치솟는 집값을 걱정하며 씻지도 못한 채 쓰러져 잠들지만, 매력을 두고 핑퐁 게임을 벌이는 연애는 여전히 가치 있고, 또 아름다운 것이다. 이 희망을 가진 시청자들은 TV를, 태블릿PC를, 휴대 전화를 켜고 연애 리얼리티 프로그램을 시청한다. '연애 없는 연애 시대'는 여전히 뜨겁다.

4

잘 먹고 잘 살고
싶다는 욕망

거지방 챌린지, 얼마를 가져야 행복할까?

"거하!" 오픈 카톡방에 입장하자 기존 참여자들의 경쾌한 인사가 쏟아진다. '거지 하이'라는 뜻이다. 세간의 화제라는 이른바 '거지방'에서 벌어지는 일이다. 거지방 챌린지는 고물가 시대에 불특정 다수에게 자신의 소비 내역 또는 소비 충동을 자백하고 서로가 서로의 절제를 돕는, 이른바 무지출 챌린지의 일환이다. 거지방으로 오픈 카톡방 수백 개가 검색되지만, 참여자 수가 제한 인원에 이른 '풀full 방'이 여전히 많다. 절약과 무지출에 대한 요즘 사람들의 관심이 뜨겁다는 걸 보여 주는 방증이랄까. 취지는 절약이지만 다소 과격하게 거지방으로 불린다. 무절제한 소비로 거지가 되기 싫은 사람들이 모이는 방 또는 이미 소비 여력이 부족하기 때문에 더 이상 쓰면 안 되는 사람들이 모인 방이기 때문이다. 참여자들은 닉네임에 월간 누적 소비 액수를 수시로 업데이트하고, 그때그때 어떤 품목에 돈을 썼는지 고백하도록 돼있다.

돈 써도 될까요?

챗 방에 이모티콘을 쓰면 "다른 사람들에게 소비를 유도하지 말라"는 경고가 날아오고 이윽고 누군가가 해당 이모티콘을 어설프게 따라 그린 그림을 올리면서 "이건 공짜니 이걸 쓰라"고 말한다. 속옷에 구멍이 나 새로 샀다고 소비 내역을 올리면 "바느질을 배우라"거나 "물려받아 입으라"는 조언이 날아오기도 한다. 무지출 챌린지라는 이름에 걸맞게 소비라면 사정없이 꽂히는 비난과, 또 지출을 반려하는 다른 사람들의 잔소리 때문에 소비 내역을 애써 위장하는 대화들도 거지방의 매력 포인트다. "사회적 품격을 유지하기 위한 비용 1만 5000원", "똑바로 말하세요", "친구한테 커피랑 조각 케이크 사줬습니다", "더 나은 나를 위한 한 발자국 20만 원", "구체적으로 쓰세요", "옷입니다" 등.

지난 2023년 3월 기준 소비자 물가 상승률은 4.2퍼센트를 기록했고, 또 외식 물가 상승률은 7.4퍼센트에 이르렀다. 원자재 가격, 가공비, 인건비, 물류비까지 오르지 않은 게 없다. 그러다 보니 실생활에서 체감하는 경기가 매우 팍팍하기 그지없다. 매월 급속도로 줄어드는 잔고를 지켜보고 있으면 '이대로 살다 간 거지꼴 면하기 어렵다'는 말이 바로 이해된다. 혹독한 경기에 대응하기 위해 소비를 줄여야 하는 사람들에게 거지방은 유쾌한 챌린지로 명성을 떨치고 있다. 그러나 사실 아이러니하게도 이 오픈 카톡방에서 가장 많이, 자주 접하는 건 바로 소비와 관련된 정보다.

거지방에서 소비 정보방으로?

약 열흘간 다섯 개의 거지방에 참여해 참가자들의 대화를 지켜봤다. 쓸 것이냐, 말 것이냐의 갈림길에서 고민하는 이용자들에겐 단호하게 '쓰지 말 것'을 주문하는 집단 지성은 잘 통하지만, 이미 써버리고 소비 내역을 익살스럽게 통보하는 경우엔 오히려 소비 정보방이 되어 버리고 만다는 점도 특징이다. "보라카이 여행 전까지 허리띠를 졸라매겠다"며 거지방에 들어온 포부를 밝히는가 하면, 어버이날을 맞이해 부모님께 수백만 원의 명품 가방을 사드렸다는 넘사벽 고백이 인증 사진과 함께 이어지고, "부모님이 나에게 수억 원을 쓰셨는데 이 정도는 해드릴 수 있다고 생각한다"는 설명엔 그럴 수 있다, 소비를 용인한다, 인정하는 분위기로 흘러가는 식이다. 20만 원어치 영양제를 샀다는 고백엔 무작정 나무라는 대신, 비슷한 함량의 더 싼 제품을 소개해 주기도 한다. 영양제엔 관심도 없었지만, 그 정보를 보니 솔깃하다.

무지출을 요구받는 썩 유쾌하지 않은 상황에서 거지방이 우후죽순 만들어지고 있지만, 이것이 엄격하게 소비를 제지받는다는 애초의 목적보다 소비 여력이 비슷한 사람들끼리 모였다'는 동질감과 안도감을 느끼려는 용도가 더 강하다는 느낌을 받았다. "돈이 (충분히) 없다"는 한탄을 그야말로 하루 종일 해도 그 누구도 눈총을 주지 않는 대화방이니 말이다.

하지만 거지방이 아무리 유행이라 해도 사회 전체적으로 허리띠를 졸라매는 분위기라 보긴 어렵다. 여행업계에 따르면 2023년 5월 해외여행 수요는 전년 동월 대비 많게는 3000퍼센트, 적게는 1000퍼센트 이상 증가한 것으로 나타났다. 국내 고급 호텔에서 즐기는 호캉스의 수요 역시 폭증했다. 각종 해외 브랜드 명품 업체들은 가격 인상에도 식지 않는 오픈 런 소비를 등에 업고 한국 영업 이익을 연일 역대 최대치로 갈아 치우고 있다. 이렇듯 한편엔 극도로 소비를 절제하며 3000원 미만의 편의점 도시락 매출을 올리는 거지방 등의 무지출 챌린지가 있지만, 다른 한편에선 억눌린 소비 욕구를 마구 분출하는 럭셔리 보복 소비가 있다. 이분화된 모습이 나타나고 있는 셈이다.

빈곤은 절대적이면서도 상대적인 개념이다. SNS를 통해 타인이 전시하는 보복 소비 내역에 쉽게 접근할 수 있고, 또 욕망을 쉽게 전파할 수 있는 지금, 스스로를 거지라 자조하며 소비를 억제하려는 사람들은 과연 무엇을 빈곤으로 인식하고 있을까? OECD는 2019년 중산층의 기준을 중위소득의 75~200퍼센트로 정해두고 각 국가별로 비중을 계산해 비교하고 있다. 2022년 'NH투자증권'에서 낸 이른바 '중산층 보고서'에 따르면 중산층에 해당하는 소득 범위는 월 385만 원에서 1020만 원이다. 그런데 이 기준에 따라 중산층인 사람들도 절반에 가까운 45.6퍼센트가 스스로를 하위층이라고 정의했다. 이들의 셈법에 따르면 한 달 소득은 686만 원, 또 한 달 소비 지출이 427만 원가량은 돼야 중산층이다. 이들이 평균치라 생각하는 지출 수준은 상위 9퍼센트에서나 가능한 수준이다. 세상은 과시 소비와 전시로 가득한데 나의 가처분 소득은 그에 미치지 못하니, 사람들은 스스로를 만성적 빈곤 상태로 인식한다.

우리는 얼마를 가져야 행복할까

중요한 건 절제와 절약을 통해 참여자들이 달성하고자 하는 행복이다. 왜 갑자기 행복이냐고 물을 수도 있겠다. 여기, 거지방 참여자들이 인용해도 좋을 연구가 있다. '돈으로 행복을 살 수 없다면 당신이 돈이 부족한 게 아닌지 생각해 보라'라는 인터넷 격언을 증명하는 연구다.

지난 2010년, 노벨 경제학상을 수상한 대니얼 카너먼 Daniel Kahneman 교수와 앵거스 디턴Angus Deaton 교수가 미국인 45만 명을 대상으로 설문 조사한 결과, 당시 기준으로 연 소득 7만 5000달러가 되면 그 이상의 소득을 벌어도 매일의 행복감에 큰 차이가 없다는 논문을 발표했다. 그 뒤로 10년간 해당 연구 결과는 거의 정설로 굳어졌다. 그런데 카너먼 교수 본인이 최근 10여 년 전 냈던 논문을 수정한 논문을 다시 내놨다. 자신의 논문을 반박한 펜실베이니아대학 와튼스쿨의 매트 킬링스워스Matt Killingsworth 교수와 공동 연구한 결과인데, 가장 큰 차이는 행복감의 임계치가 된 숫자가 7만 5000달러에서 50만 달러로 크게 늘었다는 점이다. 우리 돈으로 치면 연봉 약 1억 원에서 약 6억 5000만 원 정도로 오른 셈이다. 그러니까 연봉 6억 원까지는 '돈으로 행복을 충분히 살 수 있다'는 뜻이다.

다만 지난 논문과 마찬가지로 버는 돈과 상관없이 영원히 불행할 수밖에 없는 소수의 그룹도 존재했다. 마음에 큰 상처가 있거나, 심적으로 우울감을 느끼거나, 사랑하는 사람에 대한 상실을 겪은 사람들은 아무리 연봉이 높아져도 불행한 상태에서 벗어나기 어려운 것으로 나타났다. 결국, 이 논문은 절약하고 모으고 불려서 목표치를 달성하더라도 '행복할 수 있는 태도'를 갖춘 사람만이 그 과실을 따 먹을 수 있다는 교훈을 주기도 한다.

욕망을 공유하고, 가끔 뻔뻔하게 자랑도 하면서, 서로를 북돋아 주는 거지방의 유쾌한 챌린지를 경험하며 모든 무지출 챌린지의 목표는 역시, 지출이라는 점을 느꼈다. 많은 사람이 언젠가 정말로 값지다고 생각하는 무언가를 '지르는' 그날을 위해 현재의 욕망을 억누르고 또 절제한다. 소비는 여전히 많은 이들의 삶의 활력소이며 이해하기 쉬운 삶의 의미다. 대다수 거지방에서 결국 소비는 무조건적인 배격의 대상이 아닌 더 의미 있어야 하는 행위로 인식되고 있다.

무기력증에는 쿠팡 치료가 장땡이라고?

현대인의 씁쓸한 마음을 달래기 위해 등장한 여러 치료가 있다. 매너리즘에 시달리는 직장인들을 위한, 이른바 '월급 치료', 비타민 주사보다 활력 개선에 도움이 된다는 '소비 치료', 친구든 연인이든 속상한 마음을 신속하게 풀어주는 데엔 역시라는 '금융 치료' 등……. 그렇다면 '쿠팡 치료'라는 말도 들어 봤을까? 택배를 받으면 기분이 좋아지는 현상으로 착각하기 쉽지만 틀렸다. 하루 아홉 시간 정도의 짤막한 단기 아르바이트 이야기다. 장기적으로 시간을 많이 할애할 수 없는 사람들에겐 쿠팡 단기 아르바이트가 이른바 국민 알바로 자리 잡았다.

　　돈이 필요할 때 당장 구하기 쉽다는 점이 가장 큰 장점이겠지만, 쿠팡 아르바이트가 요즘 부업 대세가 된 데엔 꼭 돈만 이유가 된 건 아니다. 단기간의 고단한 노동과 그에 대한 보상이 바로 따르는 구조가 무기력한 일상을 회복하고 자기 효능감을 일깨우기에 좋다는 것이 하나의 이유다. 그래서 쿠팡 알바는 치료의 일종이다. '인생 노잼'을 호소하는 이들에게 처방하는 노동 치료 말이다.

국민 알바 쿠팡 알바

사람들은 생계를 해결해야 하는 불가피한 목적 외에도, 여행

경비 마련, 무기력 탈출, 추억 쌓기 등의 이유로 주변의 적당한 '물류 센터'를 검색한다. 공고를 찾는 것도 어렵지 않다. 구인 구직 플랫폼에 '쿠팡'만 검색하면 수천 건의 인력 모집 안내가 나온다. 웹상에서도 대중교통이 끊긴 새벽 시간 일꾼들을 나르는 셔틀버스를 타는 방법부터 친절하게 설명한 각종 후기들이 많고, 커뮤니티 '디시인사이드' 아르바이트 갤러리 등지에선 개별 물류 센터마다 일의 형태, 관리자들의 분위기나 노동 강도 등에 대한 평가가 마치 맛집 리뷰처럼 올라와 있다.

지게차 운행 등의 특수한 직역이 아닌 일반 공정의 경우 7만 원에서 10만 원 사이의 일당을 받을 수 있다. 최저시급 9620원을 기준으로, 오전 9시부터 저녁 6시까지의 주간 근무자는 7만 6960원, 저녁 7시부터 새벽 4시까지 야간반의 경우 10만 1010원을 받게 된다. 시급 차이가 크기 때문에 웬만해선 야간반의 인기가 높은 편이다. 24살 대학생 김예랑 씨는 새벽을 꼬박 새우는 야간 쿠팡 알바를 연속 20일 동안이나 해본 적이 있다. 친구와 2주간 여행을 가기 위한 경비를 모으려는 생각으로 쿠팡 물류 센터에 처음 방문했다. 저녁 6시에 거주지 근처에서 셔틀버스를 타고 8시부터 다음 날 새벽 4시까지 물건을 집어 들어 분류한 바구니에 넣고, 레일 위에 올려두는 작업을 맡았다. 내부 전자 기기 반입이 금지돼 있기 때문에, 일곱 시간 내내 휴대 전화도 확인하지 못하고 단순 노동에만 몰두했다. 동이 틀 무렵 피곤한 몸을 이끌고 퇴근했지만 그날 바로 수고한 일당 9만 원 정도를 받았다. 봉투를 받아 드니 생각보다 보람이 컸다. "집에 가서 침대에 누웠는데, 되게 기분이 좋은 거예요. '이거 또 할 수 있겠구나' 싶은 생각이 들어서 그다음 날도 하고, 그다음 날도 해서 연속해서 거의 20일 동안 일했던 것 같아요."

예랑 씨는 노동의 결과가 바로 눈에 보이는 효능감이 가장 짜릿했다고 말한다. 가끔은 같은 물류 창고에서 대학교 친구를 마주치기도 했다. "카페나 레스토랑 아르바이트도 많이 했는데 당일에 바로 일당이 나오는 게 너무 기분이 좋았어요. 자칫 중독될 수도 있겠다 싶어서 지금은 자제 중이에요." 대학생 김진수(가명) 씨도 군 전역 후 친구들과 베트남 여행을 가기 위한 경비를 마련하려고 3일 연속 물류 센터 일에 지원했다. 역시 시급이 더 높은 야간반에 지원했는데, 셔틀버스 타기가 여의치 않아 대중교통으로 이동한 근처 카페에서 새벽 2시까지 버틴 뒤 업무를 시작했다. 그간 과외나 학원 알바만 해오다가 택배 물품을 정해진 기준대로 차에 싣는 노동을 반복했다.

"일하는 동안은 머릿속이 정말 비워지는 느낌이 들어서 스트레스가 덜하다는 기분이 들었어요. 과외나 학원 일이 시급은 더 높아도 평소 일상에서도 계속 진도 관리나 수업 내용을 떠올려야 했는데, 잡다한 생각과 고민에서 해방된 느낌? 또 그 뒤로는 '이게 몇 시간짜리 시급인데'라는 생각이 들어서 친구들이 술 먹자고 불러도 잘 안 나가요."

신체 노동의 효능감

'돈벌이' 그 자체가 주는 보람과 더불어 자신의 노동이 정확히 어디에 쓰였는지를 확인할 수 있다는 장점은 자기 효능감에 크게 기여한다. 각종 온라인 커뮤니티와 블로그 등지에선 쿠팡 치료가 우울증 개선에 도움을 줬다는 간증을 어렵지 않게 발견할 수 있다. 유은정 정신의학과 전문의는 "몸의 활동이 정신적 힐링을 돕는다"면서 "정신 노동으로 피로해진 많은 현대인들이 이제 몸을 움직이고 땀을 흘리는 경험을 통해 정신적 스트레스와 피로감을 해소하기 시작했다"고 전했다. 실제로 많은 연구에 따르면 신체 활동과 우울증 사이에 유의미한 상관관계가 있는 것으로 확인된다. 국민건강영양조사자료를 토대로 박세윤이 연구한 바[5]에 따르면, 우울증 유병률은 근력 운동 또는 유연성 운동이 일주일에 1회 이하인 집단에서 높은 경향을 띠는 것으로 나타났다. 특히 유연성 운동보다는 근력 운동이 우울증에 더 유익할 가능성이 높다고 한다. 스트레칭도, 웨이트 트레이닝도 정신 건강에 도움이 된다는 얘기일 것이다.

신체를 활용한 단순 반복 노동 작업을 통해 심리적 위안을 느낀다는 다소 역행적인 행태는 쿠팡 치료에만 한정되는 건 아니다. 상시 단기 고용의 진입 장벽을 낮추는 여러 플랫폼 업체의 등장으로 투 잡, 쓰리 잡 등 본업 외에 할 수 있는 부업의 종류가 늘어났고, 배달, 심부름, 청소, 건설, 도배 등 아직까지 사람의 신체 노동력을 필요로 하는 곳에서 일할 기회가 많아졌다. 집 정리, 짐 분류와 정리 정돈, 청소 등의 신체 노동을 통해 자기 효능감을 느끼는 사람들도 있다. 그러다 이 취미 생활 부업이 아예 본업이 되기도 한다. 소위 '쓰레기 집'만 골라 청소 예약을 받는 인기 블로거 '청소 요정'은 직장 생활을 거치며 극심한 무기력증에 시달리던 중, 자신이 좋아하는 청소, 설거지, 빨래로 할 수 있는 일을 고민하다 전문 청소업자로 전업하게 된 사례다. 쓰레기가 가득 쌓여 있는 집을 깨끗하게 비워 내면서 얻는 카타르시스 탓에 안 더러운데 서비스 신청하면 돈 더 내는 규정도 마련했다.

이렇듯 화이트칼라로 불리며 책상에 앉아 사무 활동을 수행하는 업무가 아니라, 블루칼라, 기술직, 신체 노동에서 본업을 찾으려는 인식 전환도 일어나고 있다. 재작년 취업 포털 '사람인'이 20대와 30대 2081명을 대상으로 기술직에 대한 인식을 조사한 결과, 79.1퍼센트는 "수입 등의 조건만 맞출 수 있다면 기술직도 의향이 있다"고 답했다. 사무직 근로자들은 자신의 노동이 실제로 어떻게 쓰이는지 확인할 수 없고, 손으로 만질 수 없는 시스템에 대한 '현타'와 '번아웃 신드롬'을 동시에 느낀다. 이 때문에 생계를 꾸릴 수 있는 확실한 수입만 보장된다면 손으로 하는 전문적인 일에 자신을 투신하기도 한다. 워싱턴 싱크 탱크 소장 출신으로, 어느 날 홀연히 높은 연봉과 사회적 지위를 뿌리치고 모터사이클 정비사로 전업해 다른 인생을 살고 있는 매튜 크로포드Matthew Crawford는 저서 《손으로, 생각하기》에서 신체 노동이 사무실에서의 노동과 달리 '생각과 행동을 함께 요구한다'는 점 때문에 "직업적 공황감"을 달래 줬다고 밝힌다.

쿠팡 치료와 존버 씨의 죽음 사이

한편 눈에 보이지 않고, 손에 잡히지 않는 디지털 시대의 인간 소외가 신체 노동을 통해 자기 효능감을 얻으려는 사람들을 쿠팡 치료로 이끌었다면, 그 반대급부에선 장시간 신체 노동에 의한 과로 희생과 열악한 노동 환경 속 참사가 끊이지 않는다. 노동의 가치에 대한 인식에서 이런 상반된 현상이 나타나는 이유는 무엇일까? 순천대학교 철학과 소병철 교수는 논문에서 시간 연구자 김영선의 저서 《과로 사회》를 언급하며

"문제는 노동이 아니라 '과로', 즉 '장시간 노동'"이며, "노동자의 심신을 닦달하는 긴 노동일의 속박에서 벗어나 건강한 노동과 건강한 여가의 균형적 선순환을 확보하기 위한 '시간의 민주화' 기획이 필요하다"고 말한다.

신체 노동의 가치와 의미를 빛내주는 건 "갈아 넣고 쥐어짜고 태우는 과로+성과 체제"에서는 불가능하며[6] 스스로의 안전을 확신할 수 있는 직업 환경에서만 가능하다는 것이다. 눈에 보이는 무언가를 생산해 냈다는 자기 효능감은 생존을 위협하는 환경 속에서는 느낄 수 없는 감정이니 말이다. 생존 의무를 느끼는 현대인은 노동에 대부분의 시간과 에너지를 들이게 된다. 여기서 어떤 의미와 효능감을 느끼는지는 삶의 행복에 큰 영향을 끼칠 수밖에 없다. 소위 '유망 직종'이라는 낡고 해묵은 분류에 균열이 일어나고 있는 지금, 신체 노동과 기술 노동에 대한 편견에도 균열이 가고 있다. 그런 만큼 일의 즐거움과 보람을 회복할 수 있는 직업 환경이 과연 어떤 모습이어야 하는지는 모두가 고민해 볼 숙제다. 그래야만 쿠팡 치료가 진정 무기력증을 달랠 수 있는 제대로 된 치료가 될 수 있을 테니 말이다.

갓생이 당신을 사로잡은 이유

신조어 트렌드는 참 빠르다. 하나에 익숙해지려 하면 금세 따라잡아야 하는 다른 말이 생긴다. 요즘에는 '갓생'이라는 신조어가 하나 더 추가됐다. 갓생은 신(God), 또는 그에 준하는 위엄을 가진 대상에게 헌사하는 일종의 감탄사인 '갓'과 생生의 조합으로 이뤄진 말이다. 타인에게 귀감이 될 정도로 성실하고 부지런한 삶을 사는 사람들을 묘사하는 단어로, 주로 긍정적 맥락에서 쓰인다. 다만 종래 '알파'가 붙은 지칭들(가령 알파남, 알파녀)이 특정인의 능력과 결과를 강조했던 것과 달리 갓생의 긍정성은 과정에서 온다는 차이가 결정적이다. 의미를 살린다면 영어로는 '허슬러hustler' 정도로 번역할 수 있겠다. 말하자면 용례는 이러하다. "정혜경 기자의 기사를 읽다니, 나태해지기 쉬운 주말에 아침부터 교양을 쌓는 당신은 정말 갓생이군요!"

갓생은 어떻게 MZ를 사로잡았나

구글에 따르면 갓생이 검색어로 등장하기 시작한 건 2020년 상반기부터다. 어느덧 SNS와 유튜브 채널에 인증되는 갓생 관련 포스팅도 수십만 건에 이르고, 어떤 기업은 젊은 세대를 겨냥한 상품을 개발하고 판매하는, 이른바 '갓생 기획팀'이라는 프로젝트 부서를 신설했다. 참여 조건으로 나이를 엄격하게 제한한 이 팀에서는 젊은 직원들이 상품 기획부터 마케팅, 출시까지 모두 도맡아 구매자들의 소유욕을 자극할 만한 상품을 빠르게 고안하고 시장에 내놓는다. 이렇게 내놓은 상품들이 연이어 '완판' 실적을 내며 덩달아 갓생 기획팀이라는 부서 이름도 유명세를 탔다.

　여기까지만 보면 갓생을 좌우하는 것이 마치 성공인 것 같다는 생각을 하게 된다. 하지만 반은 맞고 반은 틀리다. 이 선망받는 삶의 형태가 명백히 성취를 지향하긴 하나, 그 성취의 모습은 제각각이기 때문이다. 승진, 부의 획득, 신분의 변화 등과 같은 극적인 결과가 아니라 누군가에게는 사소할 수 있는 '작은 성취들'이 갓생을 이루는 핵심 요소다.

　갓생이 등장한 배경엔 코로나19 팬데믹이 결정적인 영향을 끼쳤다는 것이 통설이다. 재택과 사회적 고립이 일상화된 상황에서 학교나 회사가 아닌 스스로 삶의 규칙을 마련해야 할 필요성도 커졌다. 매일 작은 목표들을 시간 단위로 계획하고 실천하는 것 말이다. 그렇지 않으면 하루는 너무 쉽게 무너지고 만다. 예를 들자면 '이른 기상 시간'은 가장 대중화된 갓생의 시행 규칙이다. 아주 작은 습관처럼 보이지만 꾸준히 지속하기는 어려운 루틴, 갓생러들은 이를 '리추얼ritual'이라 부르고, 가능하면 매일 자신과의 약속을 지키기 위해 노력한다.

이른 기상이라는 이데올로기

이른 기상 시간은 자기 계발 씬scene에서 처음 등장한 트렌드가 아니다. 차라리 이 분야의 변하지 않는 상수로 봐도 무방하다. 《명심보감》에 따르면, 일찍이 유명했던 인플루언서 공자는 삼계도三計圖에서 "일생의 계획은 어릴 때에 있고一生之計在於幼, 일 년의 계획은 봄에 있으며一年之計在於春, 하루의 계획은 인시(새벽)에 있다一日之計在於寅"고 말한다. 책에 등장하는 인寅 시는 십이시의 세 번째 시로, 오전 3시부터 5시까지다. 요컨대 새벽잠을 줄이는 것은 문명사회가 시작된 이래 꾸준히 '부지런한 인간'이 되기 위한 필수 요건으로 자리 잡아 왔다. 그만큼 일반적으로 성취하기가 어렵다는 뜻일 테다. 실상 방만해지기 쉬운 생활과 마음의 자세를 수련하는 자기계발의 역사는 이 어려운 것을 해내고 그에 따른 성취감을 맛보기 위한 강제력의 역사라 봐도 무방하다.

1970년대엔 국가가 이런 자기 계발을 적극 독려했다. 1972년 3월 7일 대통령령으로 설립된 '새마을운동중앙협의회'는 근면, 자조, 협동의 3대 이념을 당시 갓생의 요건으로 정립하고 '새벽종'을 울려 전 국민을 깨웠다. 표준 인간의 모습이 제정됐고 이는 관습으로 강제됐다. 새마을 운동은 지금도 평가가 엇갈리고 있지만, 당시의 기억은 한국인들의 유전자 어딘가 깊숙이 각인된다.

한국인들에게 또 중요한 동기 부여의 해로 기록될 시기는 바로 2003년이다. 책 한 권이 현해탄을 건너온다. 'Y2K'로 시작한 2000년대 초는 새로운 희망과 기대 그리고 쇄신에 대한 열망이 가득한 시기였다. 양한방 의학자 사이쇼 히로시의 책《인생을 두 배로 사는 아침형 인간》은 출간 즉시 히트작에 등극하며 성장에 목마른 현대 한국인의 공허함을 채워 줬다. 주요 논리는 이러하다. 남들보다 아침에 일찍 일어나면 하루두세 시간을 추가로 이용할 수 있는데 이 시간을 밑천 삼아 소속 조직과 집단에서 더 뛰어난 능력을 구가할 수 있게 된다는 것이다. 즉 남들에게 뒤처지지 않고 앞서가기 위해선 아침에 일찍 일어나는 습관이 중요하다는 메시지다. 저자의 임상 경험을 바탕으로 이런 생활 습관이 인체 리듬과 자연의 섭리에도 부합한다는 설명도 덧붙였다.

아침형 인간과 같은 갓생적 생활 태도는 이내 전 국민적인 유행으로 번졌다. 작용엔 반작용도 따르기 마련이다. 아침형 인간에 대한 성토와 분노, 국가주의적 음모라는 견해, 올빼미형 인간이 오히려 더 영리하다는 취지의 세계 각지 연구 등이 쏟아졌다. 영국 서리대학교University of Surrey의 사이먼 아처 교수 팀은 수백 명의 사람들을 대상으로 검사한 결과 생체 시계를 조절하는 데 관여하는 것으로 알려진 'PER 3'라는 유전자의 길이에 따라, 그러니까 사람마다 고유한 유전자에 따라

능률이 좋은 시간대가 따로 있다고 주장하며 반동 측 목소리에 힘을 실었다. 이 연구는 지금까지도 아침형 인간에 반대하는 측의 주요 논거가 되고 있다. 이후에도 기상에 관한 이데올로기 투쟁은 거듭됐다. 그사이 많은 이들에게 익숙한 '욜로 YOLO'와 '미니멀리즘', 'R=VD(Reality=Vivid Dream)', '시크릿' 같은 사조가 반짝이며 스쳐 갔다. 그리고 약 10년이 흘러, 《미라클 모닝》이 등장한다.

타인과의 연대

아침형 인간과 미라클 모닝. 아침에 일찍 일어나자는 메시지는 같은데, 성격이 좀 다르다. 정신과 전문의이자 기업 정신건강 진단 및 관계 치료 전문가인 '마인드루트' 이경민 대표는 이때부터 우리 사회가 지향하는 성공의 형태가 달라졌다고 지적한다.

> "아침형 인간이 표준화된 성공에 초점을 두었다면 이젠 타인의 시선에서 성공이 어떤 모습일지의 중요성이 떨어졌습니다. 사회가 요구하는 시간표가 아닌 내가 내 삶을 충만하게 살기 위해 아침 시간을 활용하자는 움직임이 나타난 겁니다."

실제로 《미라클 모닝》의 저자 할 엘로드Hal Elrod는 20살에 죽을 뻔한 교통사고를 겪고 난 뒤 삶의 여러 굴곡을 거치면서 인생의 목표를 기억하고 자기 주도적으로 삶을 경영하기 위한 가이드로 아침 시간을 제안한다. 회사나 조직에서 성공하기 위해 더 일하는 시간이 아니라 자신을 돌보는 자기만의 시간으로 말이다.

이 대표에 따르면 현재의 갓생은 이러한 미라클 모닝의 이데올로기에 기원을 두고 있다. 일정한 시간에 따뜻한 물 마시기, 짤막하게라도 감사 일기 쓰기, 명상하기 같은 작은 것들을 계획하고 또 이를 실천하면서 성취에 대한 자부심을 획득한다. "타인의 시선에서 의미가 있는 성공보다는 자신의 하루를 충실하게 사는 데 더 큰 의미를 둡니다. 국가나 조직의 인정과 신뢰가 아닌 나 자신이 납득할 만한 성취가 필요한 겁니다." 갓생 트렌드는 이런 작은 성취들을 '함께' 실현한다는 특징이 있다. 갓생러들은 '오운완(오늘 운동 완료)'과 같은 각종 목표를 완료했다는 표식을 자신의 SNS에 전시하고 공유한다. 이들은 자기 효능감을 적극적으로 기록하고 홍보한다. 심지어는 같은 목표(매일 일기 쓰기 등)를 공유하는 사람들을 모아 주고 또 이를 독려해 주는 코치, 인플루언서를 함께 고용하는 서비스 플랫폼도 여럿 등장했다. 개별적이나 확실하게 무언가를 성취하고 싶은 욕망은 이렇듯 새로운 산업을 창출하고 있다.

구부러진 갓생과 번아웃

개인주의, 워라밸과 같이 손꼽히는 MZ세대의 상징어들은 사실상 요즘 것들을 향한 기성세대의 힐난이 포함된 말로도 인식되곤 한다. 이런 상징어들은 젊은 세대를 못마땅하지만 협력하기 위해 이해해야 하는 대상으로, 끊임없이 불가해한 미지의 대상으로 만듦과 동시에 그 속에 있는 다양성을 뭉개며 납작한 이해를 초래할 수 있다는 우려가 있다. 그런 점에서 근래의 갓생 트렌드는 자기 계발의 유구한 DNA를 공유하는 후배 세대로서, 성장에 대한 갈망을 품은 MZ세대에 대한 이해의 폭을 넓힐 수 있다는 점에서 긍정적이다. 다만 모든 세대가 경험하고 또 시달려 왔던 번아웃 증후군과 타임 푸어 증후군은 여전히 '더 부지런한 사람이 되고 싶은' 갓생 트렌드에서도 부작용이 될 수 있다.

'버즈피드'와《뉴욕타임스》칼럼니스트 출신인 앤 헬렌 피터슨이 쓴 저서《요즘 애들》[7]은 MZ세대 중에서도 밀레니얼 세대에 대한 내용이다. 이 책에선 밀레니얼 세대가 필연적으로 처하게 된 번아웃 증후군에 대해 설명한다. 이들은 대표적인 '낀 세대'다. 밀레니얼 세대는 부모인 베이비부머 세대가 일군 중산층의 삶을 유지하기 위해 최선의 노력을 다하지만, 바뀐 현실 속에서(부모보다 적게 버는 최초의 세대) 악전고투를 경험하게 된다. 게다가 부모 세대로부터 학습된 낙관론,

체제에 대한 순응, 노력하면 성공한다는 믿음과 현실 사이에
서 시행착오와 갈등을 겪으며, 결국엔 번아웃 증후군에 이르
게 된다.

이런 소진 증후군을 이겨내고 또 예방하기 위해선 무엇
보다 자신의 욕망이 무엇인지를 성찰하는 단계가 필요하다고
전문가들은 지적한다. 허창구[8]는 자기 계발의 동기를 아래처
럼 크게 세 가지로 분류한다. 자신이 어떤 자기 계발에 매진하
고 있는지를 확인해 보자.

자기 계발의 동기 세 종류

- 향상적 자기 계발: 이상적인 목표를 추구하고 성취 지향적
인 전략을 통해 새로운 성과를 얻고자 함.
- 예방적 자기 계발: 당위적인 목표를 추구하고 안정적인 전
략을 통해 손실을 방지하고자 함.
- 강박적 자기 계발: 직접 보상이 없음에도 부정적 결과에 대
한 불안감을 감소시키기 위해 반복적으로 하게 됨.

사소한 성취의 힘

더 나은 내가 되기 위한 노력은 언제나 박수받아 마땅하다. 하
지만 그럼에도 자신을 긍정하는 태도는 그보다 더 중요하다.
오늘 계획한 작은 것들을 성취한 나를 위해 체크리스트에 표

시를 하는 것도 좋지만, 만약 이를 성취하지 못했더라도 내가 나를 변화시키고 있는 방향을 믿고 내일 다시 뚜벅뚜벅 걷는 힘이 자기 착취의 굴레로 빠져들지 않는 길이다. 우리는 갓생을 위해 노력하는 사람일 뿐, '갓'은 아니라는 겸허함과 함께 말이다.

30년 경력의 직장인이자 꾸준함의 대명사로 스스로를 소개하는 정김경숙 구글 글로벌 디렉터는 단기적인 목표에 매진하기보다 방향성 설정에 더 집중하라고 조언한다. 그리고 지치지 않는 열정의 근간엔 수십 년간 다져온 체력이 있었다고 고백한다. 그것이 50살이 돼서도 새로운 커리어에 도전하기 위해 미국 실리콘밸리 본사로 떠날 수 있게 해준 가장 큰 지원군이었다는 말도 덧붙였다.

인생 역전 기회? 이모티콘의 제국

'이모티콘' 써 본 적 있냐는 질문은 새삼스럽다. 한 달 몇천 원으로 이모티콘을 구독까지 하는 시대에 말이다. 한 번이라도 이 구독 서비스를 사용해본 사람들이 약 1000만 명이 넘는다. 카카오톡이 국민 90퍼센트 이상이 사용하는 이른바 '국민 메신저'가 되고, 그 안에서 사용할 수 있는 이모티콘 시장을 출시한지도 어느덧 10년이 넘었다. '라떼' 시절이지만 바야흐로 20여 년 전인 2000년대 초입, 서브컬처를 호령했던 인터넷 소설들의 주 언어가 텍스트를 활용한 이모티콘(^^, -_-, =_=)이었던 것을 생각하면 가히 장족의 진화라 할 만하다. 지금은 때와 장소, 상황까지 고려해 특정한 환경에서 적재적소로 쓸 수 있는 이모티콘이 쏟아져 나오고 있다.

이모티콘을 활용한 디지털 공간의 소통이 정교해지는 동안 시장도 급격하게 커졌다. 한국콘텐츠진흥원과 카카오에 따르면 지난 2017년 약 1000억 원 규모였던 국내 이모티콘 시장은 2021년 7000억 원 규모로 점프했다. 이모티콘 하나에 커피값 정도의 비용을 마다하지 않는 사용자들이 늘면서 이 분야도 인생 역전을 위한 개인 창작자들의 주요한 통로가 됐다. 이모티콘 시장과 창작자는 어쩌다 비약적인 성장을 이루게 된 걸까?

이모티콘으로 인생 역전이 가능할까

7000억 원 규모의 시장은 물론 하루아침에 이뤄진 건 아니다. 텍스트 이모티콘 시대를 넘어 본격적으로 캐릭터 이모티콘 시대가 열린 건 2011년 네이버의 라인프렌즈 캐릭터 출시부터다. 이후 2012년 11월 카카오에서도 카카오프렌즈를 출시했다. 그로부터 카카오에서만 창작된 누적 이모티콘 수는 30만 개에 이른다. 떡상 이모티콘으로 인생 역전했다는 소식들이 워낙 끊이지 않다 보니 청운(퇴사?)의 꿈을 담아 출시되

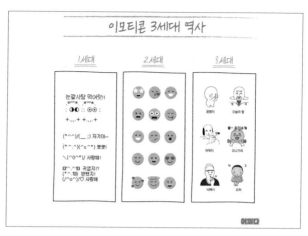

이모티콘 3세대 역사 ©SBS

는 상품만 해도 한 달에 400~500개 정도다. 카카오가 이모티콘 마켓 론칭 10주년을 기념해 집계한 통계에 따르면 지금껏 이모티콘 판매로 100억 원대의 매출을 기록한 작품은 다섯 종인 것으로 나타났다.

'라떼' 이야기로 잠시 돌아와, 이모티콘의 역사를 톺아 보자. 디지털 환경의 소통 방식으로서 이모티콘은 세 가지 세대로 분류되곤 한다. 자판의 글자들과 문장 부호를 이용해 표정을 조합한 방식의 1세대 이모티콘에 이어, 이른바 기본형으로 불린, 그래픽을 활용한 표정 콘텐츠의 2세대 이모티콘, 그리고 움직이는 gif로 구성되며 실사와 일러스트, 캐릭터 등을 동원해 형식적 다양성을 확보한 3세대 이모티콘이 그것이다.

영어로 감정을 뜻하는 '이모션emotion'과 '아이콘icon'을 합친 단어인 이모티콘은 이젠 대중들에게도 위화감 없이 받아들여지는 외국어 합성어다. 외국에서는 '이모지emoji'로 더 자주 불리는데 사실상 별 차이가 없는 똑같은 개념으로 지칭되곤 한다. 그러나 사전적 정의는 조금 다르다. 브리태니커 사전에 따르면 이모티콘은 구두점, 글자, 숫자를 활용해 감정을 표현하는 것을 뜻한다. 반면 이모지의 어원은 일본어에서 왔다. 그림을 뜻하는 '에', 캐릭터를 뜻하는 '모지'를 결합한 일본어에서 기원한 단어로 구두점 등을 제외한 요소로 감정과 기분 등을 나타내는 표현이다. 그러니까 사전적으로만 분류하자면 현재 주류를 이루고 있는 3세대 이모티콘이 이모지, 웹 소설 시대를 풍미한 1세대 이모티콘이 이모티콘이라 말할 수 있다.

최초의 이모티콘이 무엇이냐에 대해선 논쟁이 있다. 1982년 미국 카네기멜런대학교 컴퓨터과학과의 스콧 팔먼 교수가 지금으로 치면 '커뮤니티'라 할 수 있는 학술 온라인 게시판에서 사소한 농담이 분쟁으로 번지는 것을 막기 위해 "농담일 경우 :-)를 쓰자"고 제안하면서 유행이 됐다는 것이 이른바 정설이다. 팔먼 교수는 미소에 대응하는 슬픈 표정은

:-(로 표현하자고 제안하기도 했다고 전해진다. 한편 이모티콘의 역사가 이보다 무려 100년 이상 앞섰다는 주장도 있다. 1881년 3월 30일 미국의 풍자 잡지《퍽Puck》에서 처음으로 모스 부호를 이용한 이모티콘이 소개됐다는 내용이 2015년 영국 언론《데일리메일》에서 보도된다. 기쁨joy, 우울함melancholy, 무관심indifference, 놀람astonishment까지 무려 네 가지 표정이다. 어떤 것이 진정한 이모티콘의 시초인지의 판단은 독자에게 맡기겠다.

친근함이 생명

지금 주류를 이루고 있는 3세대 이모티콘의 가장 큰 특징은 아무래도 그래픽과 텍스트가 결합해 구성할 수 있는 거의 모든 종류의 하이브리드가 가능하다는 점이다. 3세대 이모티콘은 짧은 단어부터 한 문장 정도까지 문자나 음성 언어로 포함할 수 있는 형식을 갖추고 있다.

구구절절 여러 말들을 조합해 입력하지 않아도 이모티콘 하나로 설명 또는 정리되는 상황을 선호하는 언어 습관도 이모티콘 구독 시대와 함께 정착됐다. 텍스트가 포함된 이모티콘도 꾸준한 사랑을 받고 있다. 2023년 2월 기준으로 기출시된 텍스트와 결합한 움직이지 않는 카카오 이모티콘 가운데, 가장 길게 첨부된 문장은 '선물티콘'의 '야이게무슨일이

냐난리났다난리났어와내가뭘받은거냐너무대박이다증말'
이다.

연령별로 이모티콘 사용 동기가 조금씩 다르다는 연구[9]
도 있다. 이희주의 연구에 따르면 내국인 남녀 187명을 대상
으로 설문한 결과, 10대와 30대는 재미를, 20대는 유용성을,
40대는 친근함을 이모티콘 사용의 가장 큰 요인으로 뽑았다.
짤막한 의성어, 의태어로 이뤄진 단답형 멘트와 함께 쓰인 이
모티콘을 선호하는 10대와 달리, 20대는 사랑과 행복에 관련
된 대화를 선호하는 경향도 나타났다. 이에 비해 30대는 감정
을 쉽게 표현하기 어려운 상황에서 대안적 성격을 띤 이모티
콘을 선호하는 것으로 조사됐다. 해당 상황을 대신할 수 있는
표정이나 액션을 과장한 이모티콘을 말한다. 40대는 감정 표
현보다 정보 전달이 가능하고, 정확한 상황을 표현하는, 주로
인사말을 담은 이모티콘을 선호하는 경향이 나타났다. 이모
티콘에 한국인의 생애 주기별 관심사와 애환이 담긴 셈이다.
직장 생활, 육아, 아르바이트, 의뢰인을 상대하는 일 등 특정
상황에서 이뤄지는 대화의 소재 또는 패턴으로 오르내리는
말들을 정확하게 포착할수록 이모티콘이 언어를 대체하는 경
우가 잦아지고 결과적으로 떡상 가능성이 높아진다.

치열한 레드 오션에서 30대 선호 이모티콘 상위권을 꿋
꿋이 지키고 있는 히트 상품 '와다다곰' 시리즈의 작가 '떵뚱'

은 각종 SNS와 유튜브를 통해 동시대 가장 인기 있는 밈과 짤의 웃음 코드를 벼리는 일이 필수 루틴이라고 강조한다. 친구들, 가족들 할 것 없이 요즘 세상에서 많이 쓰이는 말에 늘 주의를 기울이라고 조언한다. 더불어 그녀는 새로 진입하려는 신진 작가에게 무엇보다도 필요한 건 '머릿속에 들어 있는 이미지를 직접 꺼내 놓는 것'이라고 강조했다. 띵똥 작가는 새 상품 출시를 앞두고 둘째 아기의 출산이 임박해 산통을 느끼면서도 산통을 줄이기 위해 이마를 때리며 이모티콘을 그렸다고 한다.

좁은 떡상의 문이지만

호기롭게 뛰어드는 도전자에게 떡상의 문은 활짝 열려 있다만, 그 문을 통과하는 건 극소수에 불과하다. 카카오 소속 직원 10여 명으로 구성된 심사 위원단이 쏟아지는 후보작들의 상품 가치를 판별해 시장에 내놓는 관문 역할을 맡는다. 탈락한 창작자들에게 별도로 탈락 사유를 설명하진 않는다. 심사 기준과 과정을 공개한다면 작품 창작의 다양성이 저해될 수 있다는 게 그 이유다. 좁은 문을 뚫고 상품을 등록한 작가들은 최연소 12세부터 최고령 81세까지 지금껏 1만여 명에 이른다. 이 중에서도 일부 히트작들은 그 자체로 브랜드가 돼 대기업과 협업하는 사례도 늘고 있다. 작가는 팬들과 직접 소통하며 팬덤을 구축하기도 하고, 해당 캐릭터를 활용한 굿즈를 판매하는 사업자가 되기도 한다. 길다면 140년, 짧다면 40년 전으로 거슬러 올라가는 이모티콘이라는 작은 아이디어는 오늘날 다양한 창작자들의 기회이자 삶으로 거듭났다. 표현은 어디까지 진화할 수 있을까? 그리고 또 어떤 욕구가 새로운 시장을 만들 수 있을까?

주

1 _ 이선경 외 3인, 〈한국 대학생들의 나르시시즘 증가: 시교차적 메타분석(1999-2014)〉, 《한국심리학회지》 33(3), 2014.

2 _ 신선화 · 서미애, 〈인스타그램 이용자의 나르시시즘이 자기 노출을 거쳐 주관적 안녕감에 미치는 영향과 긍정적 피드백의 조절효과: 기록적, 과시적 자기노출의 차이를 중심으로〉, 《사이버커뮤니케이션학보》 37(1), 2020.

3 _ 안창현, 〈살아있는 시체 좀비와 강시 캐릭터 비교 연구〉, 《동아시아문화연구》 68, 2017.

4 _ 송아름, 〈괴물의 변화: '문화세대'와 '한국형 좀비'의 탄생〉, 《대중서사연구》 30, 2013., 185-223.

5 _ 박세윤, 〈신체활동과 만성질환 우울증 및 건강 관련 삶의 질의 관계성〉, 《체육과학연구》 25(2), 2014.

6 _ 김영선, 《존버씨의 죽음》, 오월의봄, 2022.

7 _ 앤 헬렌 피터슨(박다솜 譯), 《요즘 애들》, RHK코리아, 2021.

8 _ 허창구, 〈스펙경쟁 사회에서 자기계발 동기와 자기계발 강박이 취업준비생의 심리 상태에 미치는 영향〉, 《한국심리학회지》 33(1), 2017.

9 _ 이희주, 〈카카오 이모티콘의 표현 유형에 따른 연령별 소비자 호감도 비교 연구〉, 《조형미디어학》 24(2), 2021.

북저널리즘 인사이드   피상적인 트렌드를
                          넘어서

가을만 되면 내년을 준비하는 트렌드 서적이 서점의 매대를 가득 채운다. 공격적으로 미래를 앞세우는 트렌드 서적은 특정 현상을 다가올 새로운 흐름으로 정의한다. 대다수의 트렌드 설명은 현상과 흐름을 보기 좋게 정리하고 나열한다. 근거 있는 미래 전망이지만, 수명은 짧다. 책을 덮으면 시원함보다 섭섭한 마음이 먼저 찾아온다. 1년도 채 지나기 전 새로운 단어, 새로운 표현, 새로운 분류가 또 다른 트렌드로 도착할 것임을 이미 알기 때문이다.

매일 새로운 유행이 피고 지는 현대 사회에서 트렌드는 유행에 대한 피상적인 해석과 맞닿게 됐다. 'Z세대는 틱톡을 좋아한다', 혹은 'MZ세대는 오마카세 가는 걸 즐긴다'는 식의 문장이 그 사례 중 하나다. 때로는 돈을 못 버는 젊은 세대들이 '거지방'에 들어가 돈을 아끼려 한다거나 쿠팡에서 단기 아르바이트를 즐긴다는 이야기도 들린다. 어딘가 안타까움이 묻은 말투는 덤이다.

지금 트렌드를 읽는 방식은 때로 사람들을 나누고 가둔다. 트렌드를 서술하고 호명하는 행위 자체가 자칫, 특정 세대와 사람을 향한 편견의 단서로 작용할 수 있다. '오마카세를 즐기는 MZ세대'에는 사치스럽다는 부정적인 수식이 따라붙기 쉽다. '갓생'이 트렌드임에도 불구하고 늦잠을 자는 젊은 세대에게는 게으르다는 이야기가 나오기 쉬운 것도 마찬가지다. 피상적인 트렌드는 특정한 부류의 사람을 가두는 투명한 프레임으로 기능해 왔다. 피상적인 트렌드 해석은 정확히 같은 이유로 누군가에게는 전혀 소구하지 못한다. '갓생을 사는게 트렌드라고?' 늦잠을 즐기는 Z세대에게는 필요 없는 정보다. 〈피식대학〉을 구독하지 않는 사람에게 '한사랑 산악회' 이야기는 굳이 듣고 싶지 않은 먼 나라 이야기다. 이 과정에서 트렌드는 그런 사람과 그렇지 않은 사람을 나누는 투명한 분단선으로 작동한다.

투명한 프레임과 분단선을 만드는 피상적인 트렌드 해석은 결국 FOMO의 시대로 흘러 들어간다. 정혜경 기자는 프롤로그에 다음과 같이 썼다. "하지만 우리는 신경이 쓰인다. 대체 저게 뭔지, 사람들이 왜 저렇게 난리인지 알고 싶다. 그리고 궁극적으로는 나도 그들처럼 될 수 있을지 궁금하다." 트렌드의 동역학을 이해하지 못하는 대부분의 개인은 이미누군가가 닦고 개발한 트렌드를 불안한 마음을 안고 좇을 수밖에 없다. 피드의 새로 고침으로도, 실제 체험하는 것으로도 이해할 수 없는 트렌드가 있는 건 그 때문이다.

《욕망으로 쓰는 트렌드 보고서》는 트렌드를 향한 피상적 접근에 정면으로 승부한다. 스브스프리미엄이 바라보는 트렌드는 저널리즘의 영역이다. 모든 트렌드에는 단어와 정의, 일시적 유행보다 더 깊은 이유가 있다. 그 원인의 구조를 파고들 때야말로, 트렌드는 '분석할 가치가 있는 사회 현상'이 된다. 사회 현상은 같은 곳에서 같은 시대를 사는 모두에게 유효한 논의다. 오마카세를 즐기지 않는 사람도, 하루는 가치 있는 식사를 하고 싶다는 욕망을 갖기 마련이다. 쿠팡에서 단기 아르바이트를 해본 적이 없더라도, 육체노동이 선사하는 원초적 성취감에는 공감한 기억이 있을 테다.

트렌드 저널리즘은 문제를 해결한다. 공감해야만 했던 것, 경험해야만 했던 문제를 명확한 언어로 구조화하고 그 원리를 발견해 낸다. 구조를 좇다 보면 공감하지 않아도, 경험하지 않아도 타인을 이해할 수 있게 된다. 비로소 트렌드가 누군가를 나누고 가두는 것이 아닌 소통의 단서로서 기능하게 되는 셈이다. 욕망을 가진 동시대인이라면 이 책이 풀어 놓는 트렌드의 구조가 낯설지 않을 것이다. 우리 모두는 결국 "타인의 욕망을 욕망"하기 때문이다.

김혜림 에디터